丁耽 著

苏东坡词传

明月三千里，孤灯二十年

台海出版社

图书在版编目（CIP）数据

苏东坡词传：明月三千里，孤灯二十年 / 丁耽著

. -- 北京：台海出版社，2020.10

ISBN 978-7-5168-2689-8

Ⅰ . ①苏… Ⅱ . ①丁… Ⅲ . ①苏轼（1036-1101）－

传记 Ⅳ . ① K825.6

中国版本图书馆 CIP 数据核字（2020）第 147304 号

苏东坡词传：明月三千里，孤灯二十年

著　　者：丁　耽

出 版 人：蔡　旭　　　　　　　　　　封面设计：尚世视觉

责任编辑：曹任云

出版发行：台海出版社

地　　址：北京市东城区景山东街 20 号　　邮政编码：100009

电　　话：010-64041652（发行，邮购）

传　　真：010-84045799（总编室）

网　　址：www.taimeng.org.cn/thcbs/default.htm

E - mail：thcbs@126.com

经　　销：全国各地新华书店

印　　刷：三河市金泰源印务有限公司

本书如有破损、缺页、装订错误，请与本社联系调换

开　　本：880 毫米 ×1230 毫米　　1/32

字　　数：136 千字　　　　　　印　　张：7.5

版　　次：2020 年 10 月第 1 版　　印　　次：2020 年 10 月第 1 次印刷

书　　号：ISBN 978-7-5168-2689-8

定　　价：39.80 元

苏东坡

序：呵呵

余光中先生说，如果他要出去旅行，不会找李白一起，李白不负责任；也不会找杜甫，杜甫太苦闷。他会找苏东坡。

苏东坡会是一个极好的同伴，能让整个旅程变得有趣。

很高的评价，不涉及成就，单单是人格魅力都让人倾慕不已。苏东坡就是这样一个人。

有趣的灵魂注定更爱这个世界。

写诗填词的阳春白雪是他，酿酒烹肉的下里巴人也是他，大俗大雅集于一身，睿智聪慧，至情至性。

他乘着月色而来，仿佛是久等的归人，与秋虫一起呢喃；又驾着小舟而返，似乎是搏击长风的白头渔翁，于风浪间高唱一曲。

他一直行走于人生苦旅之中，无数次因缘际会和知己相逢，又无数次辗转离别挥手匆匆。

在多情的苏东坡眼里，青山有情流水亦有情，伴他一路前行，但世界对苏东坡并不多情，总是一遍遍地将他挤压进黑暗的角落，而他却总是在黑暗中用通透的心灵热爱着整个世界。

在苏东坡的一千多封信件里，有四十多封出现过"呵呵"。他从没认为自己是完人，却用自己在世间的修行启迪着每一个人。

当你看懂苏东坡的诗词，你可能将不在意鲜衣怒马，心态也变得平和。

再急迫的事，也会举重若轻地处理好；

再撩人的事，也会云淡风轻地放过去；

再痛苦的事，也能轻拢慢捻地跳脱开来。

不受外部世界的诱惑，更不会被外事外物左右。

不敢说读懂苏东坡的诗词就能过好这一生，但潜入其中，也许我们就能活得跟他一样，通透而圆满，把苟且过成快乐。

目 录

第二卷　人生如逆旅，我亦是行人

第一卷

人生到处知何似，应似飞鸿踏雪泥

第1章 人生到处知何似

人生充满了各种不可知，生活的轨迹无人能说得清楚，就如同鸿雁飞过，偶尔驻足，雪地上留下深深浅浅的脚印，当鸿雁再次飞起雪地融化，便会无迹可寻。我们的人生坐标到底有没有规律，又是谁主宰着这一切？很多人在生命的某个时刻问过自己这两个问题。

千年前，当苏轼面对六年前题诗的僧舍时，他试图从斑驳的墙壁中找寻当年的踪影，脑海中也在不停地问自己这两个问题，他很疑惑究竟是一种什么样的力量在主宰自己的人生坐标，让他总是身不由己。

苏轼出生时，辉煌的大唐盛世早已走远，诸如李白、杜甫这样傲视天下的大文豪也变成了传说，但是繁华落幕并不代表一定会满地衰草枯杨。宋太祖虽然行伍出身却喜欢读书，非常尊重和推崇读书人，曾留下训诫"不得杀士大夫及上书言事人""子孙有渝此誓者，天必殛之"，北宋皇帝承继着这样的遗训，一代又一代将北宋打造成"文人的天堂"。

苏轼的父亲苏洵也是读书人，却是有些叛逆的读书人，他虽然禀赋颖异却不肯读书，也许是因为性格特立独行不服老师管教，又或者是因为根本瞧不上那个时代的教育，他终日喜好游历名山大川无意功名，虽然亲友中已有数位早早地取得了功名，但他仍然怡然自得地成为眉山城里一朵飘忽不定的云。

宋仁宗景祐三年十二月十九日，即1037年1月8日，苏洵已经二十七岁，在眉山苏家老宅里，他迎来了自己生命中的第二个儿子。这个孩子出生并没有出现什么异象，也没有发出特别的哭声，来得很安静。

苏洵为这个儿子取名"苏轼"，"轼"是古代车厢前面做扶手用的横木，一共有三个面，相当于车的围栏，可以让人们在乘坐马车时抓扶依靠，有了它人们不容易从马车上摔下来。"轼"对于马车不可或缺却又没那么引人注目，苏洵对儿子还是满怀期待的，他希望儿子能成为一个不可或缺的栋梁之材，却又要求他老实低调，谨守本分。

但对苏洵来说，抱起这个婴儿的那一刻似乎他的生命得到了重生，很多缠绕心头的困惑因他的到来而豁然解开，既然希望儿子成为栋梁之材，他自己也不该再韶光虚掷，要做点什么了。

苏洵开始发愤读书，精研"六经"百家之书，稽考古今成败之理，想要追回自己曾经浪掷的大把好时光。只不过结果不能如他所愿，接连几年名落孙山让他心灰意冷，怀疑命运是否根本就没给他安排文人的轨迹。

其间，他的长子又不幸夭折，唯一让苏洵欣慰的是他又有了自己的第三个儿子苏辙。他的满腹才华终于找到了用武之地，心中隐隐感觉命运安排给自己的轨迹或许就是成为儿子们的"师者"，再不上科场的他将毕生所学全部传授给苏轼和苏辙。

春花、夏荷、秋月、冬雪，眉山老宅的景致年复一年轮转，唯一不变的画面是父子三人窗下共读，父亲的教导和弟弟的陪伴渗入苏轼的骨血中，不光成为滋养他成长的养分，也成为他有趣的灵魂中很重要的组成部分。

在苏轼二十岁那年，父亲苏洵觉得时机成熟便带着兄弟俩上京赶考。苏家父子三人骑着毛驴，山一程水一程，山路虽然崎岖，但三人一路高谈阔论更有一种指点江山的豪情。在第一次上京的苏轼眼里，人生道路大概也如此次旅程一样美妙无比。

人生坐标第一次发生空间转移，任谁都难免有些惶恐不安，然而当苏轼走出眉山城的那一刻，他心中充满了对未来美好的憧憬，因为此时他并非孤身一人，他的父亲和弟弟都在自己身边。

从四川一路走到河南渑池，借宿于当地老僧奉闲的僧舍，兄弟俩诗兴大发在僧舍墙壁上题诗，诗的内容也不可考，但是我们可以想见兄弟俩每一笔每一字写下的都是意气风发、壮怀豪迈。苏洵虽然深知北宋朝廷对于文人的宽厚，但他早已在数次挫败中尝尽世事冷暖，看着两个儿子心潮澎湃地指点江山，他有些忐忑不安：如果世事不如他们所料，他们又该如何？

幸运的是，这次赴考苏轼兄弟都考中了进士，如愿踏上了仕途，看起来他们比父亲更幸运，可以在"文人的天堂"中一展抱负。他们风华正茂春风得意，命运大幕揭开的一刹那似乎满眼繁华，似乎只要他们鲜衣怒马向前行便会一路锦绣。

四年后，苏轼赴陕西凤翔做官，苏辙送他到郑州，分手回京，两人再次经过渑池。当年的奉闲老僧业已不在，僧舍早已破败不堪，他们当年题下的诗早已模糊不清，短短四年竟似恍若隔世，物已不是人也非，苏辙一时感慨写下《怀渑池寄子瞻兄》。"子瞻"就是苏轼的字，在诗中苏辙忆起了当年与兄长一起题诗时的豪情，而现在两人的人生坐标再难重叠，各自都只能按照自己的曲线在人海里浮沉，他写下："曾为县吏民知否？旧宿僧房壁共题。遥想独游佳味少，无方骓马但鸣嘶。"

弟弟的诗拨动了苏轼心里的琴弦，当年在家乡眉山城里曾经流传这样的歌谣："眉山生三苏，草木尽皆枯。"歌谣里说眉山城里苏家灵气太盛，草木都要为他们的灵气让路，天赐才华让他和弟弟觉得世事一切皆可掌握，然而这几年的仕途看似顺遂，实则他感觉到太多的身不由己。这让他觉得自己只是洪流中打转的树叶，向前或是向后都无法掌控，既然无法停留，自然也不能拥有，路边所有的风景于他们而言也不过是惊鸿一瞥。

这让他想起了和弟弟一起赏过的雪景，留在他记忆中最深的是雪地上一串串飞鸟的爪印，飞鸟早已远飞不见踪影，那些爪印也会随着雪地的融化而消失。他能清晰地记起是因为年少的他早已隐隐预料世间事情大抵都如雪泥鸿爪，当年他和父亲、弟弟一起在渑池僧舍上题诗也是如此。

和子由渑池怀旧

人生到处知何似，应似飞鸿踏雪泥。

泥上偶然留指爪，鸿飞那复计东西。

老僧已死成新塔，坏壁无由见旧题。

往日崎岖还记否，路长人困蹇驴嘶。

在《景德传灯录》中，天衣义怀禅师曾说道："雁过长空，影沉寒水，雁无遗踪之意，水无留影之心。"苏轼将这个典故化用过来，以鸿雁留爪来寓意人生。四年后旧地重游，昔日盛情招待他们的那位老僧奉贤早已去世，化身为一座佛塔，共同题诗的那块墙壁早已坍塌，当日写下的诗作自然再也寻不到了。故人不可见，旧诗无处寻觅，既然往事已不可追忆，未来茫茫也无法预料，那么还有什么值得被记住的呢？

苏洵、苏轼、苏辙父子三人因为在文学上造诣极深，被后人尊称为"三苏"；又因为他们同出一源又各具特色，人称"凝练老泉，豪放东坡，冲雅颍滨"，同登唐宋八大家之列，留下了"一门父子三词客，千古文章四大家"这样的赞誉。"三苏赶考"的佳话更是为后人津津乐道，在传说中他们父子三人踏着五彩祥云跨越山河而来，然而苏轼忆起赶考之旅，能想起来的只有当时山路的崎岖、身体的困乏和一路上毛驴不满的嘶鸣，世人以为的辉煌背后其实是在一路荆棘中负重前行。

有哲学家说过："人是会思考的芦苇。"面对无垠的时间和空间，人总会生出各种感慨，屈原离开郢都即将云游四方时中写道："惟天地之无穷兮，哀人生之长勤。往者余弗及兮，来者吾不闻。"在诗句中他哀叹天地永恒没有穷尽，人类渺小既追不回过往更无法预知将来。唐朝陈子昂怀才不遇，登上幽州台也唱道："前不见古人，后不见来者。"

大多关于人生的哲学命题都来自逆境中的思考，年轻的苏轼站在辉煌的起点却能冷静地勘破命运的寓意，可以说是莫大的幸运，正因为他对人生一直抱有这种亦庄亦禅的态度，此后经年才能穿越疾风骤雨；从另一个角度来说，也许正是因为苏轼从一开始就将世事看得过于透彻，命运才会给他非常人所及的考验。

如果将古往今来的诗坛比作大地的话，苏轼这首《和子由渑池怀旧》在这片大地上留下了独属于自己的印记。这样的印记不会随着时间的消逝而变淡，岁月反而一道又一道地在印记上面叠加刻痕。明朝徐渭就借用苏轼诗中的比喻写道："鸿留泥上雪，虫语夏时冰。"无独有偶，清朝钱谦益也这样写过："行役总归鸿爪迹，怀人仍在马蹄间。"还有清朝的鄂尔泰也曾经写过："踏雪飞鸿任此身，辕辕回首已前因。"在他们的眼里，苏轼就是那只飞到天边的飞鸿，虽然人间早已没有他的踪迹，但是他的诗情、他独特的人生观会成为世间永恒的风景。

看景的人不知不觉中成为别人眼中的风景，写诗的人恍然不觉间成了别人笔下的诗篇，这恐怕是写下"雪泥鸿爪"时的苏轼没有想到的。更让他想不到的是，当他落笔的那一刻，澎湃浩荡的诗情人生就此拉开了序幕。

第 2 章　自惜风流云雨散

情不知所起，一往而深，游子更甚。

家乡的山水依稀不见，看那柳丝便似心上人鬓边的秀发摇曳在春风里，那小池春晓如美人潋滟眼波，便荡漾到游子的心里。

苏轼赴京应试，走到洛阳时正值暮春时节。春景春情都在撩拨他的心弦，对妻子的相思便如春草蔓延，缠绕住他所有的思绪。

他的妻子名唤王弗，父亲是乡贡进士王方。苏轼在王方创办的中岩书院就读，因为喜欢苏轼的才华，王方打破当时的婚嫁传统，拜托中岩寺的迟悟法师主动上苏家提亲。苏洵对王家这样的书香门第自是极为满意，迟悟法师在苏、王两家奔波往返数次，婚期便如期定下。

从头至尾，苏轼懵懵懂懂，对于王弗其人没有太多了解，只觉家中长辈都甚为满意，想来也还凑合。到成亲那一天，当苏轼挑起王弗的红盖头，花烛之下那张俏脸却让他心如小鹿乱撞，自己分明和她没有见过几面，为什么会觉得自己一直渴望的就是这样的笑脸？

而王弗早从父亲那里读到过苏轼的诗文，诗文中的灵气直逼她的心底，叩响她的心弦。现在细看自己的郎君，果然如心里勾画的一样超凡脱俗，不禁心神荡漾，花烛映照得她更满脸娇羞楚楚动人。

这一年，苏轼十八岁，王弗十六岁，他和她故事的开端美好得像个童话，苏轼心中有着如梦所愿般的欣喜。

此时洛阳春风拂面，爱人不在身边，于苏轼而言这个春天自己只能做个旁观者。春天是相思的最好季节，他将对爱妻的思念化作漫天的诗情画意。

一斛珠

洛城春晚，垂杨乱掩红楼半，小池轻浪纹如篆。烛下花前，曾醉离歌宴。

自惜风流云雨散，关山有限情无限，待君重见寻芳伴。为说相思，目断西楼燕。

抬眼所及，垂下的杨柳枝杂乱无章地遮住了半边楼房，一池春水被微风吹皱仿若条条美丽的花纹。如此美丽的春色只能让他更加怀念身在故乡的爱妻，此时苏轼站在异乡的春天里，眼前却恍若又看到爱妻陪着自己烛下夜读花间饮酒，春风不醉人自醉，醉里仿佛听到分离那晚爱妻为自己唱响的离歌。

明明是杨柳依依，在他眼里却成了"垂杨乱掩"，杨柳其实并没乱，只是他的心境因相思而乱；明明是一池平静的春水，在他眼里却是"纹如篆"，每一条波纹诉说的都是相思意。

婚后苏轼经常和王弗一起出游，有佳人在侧山水也变得多情。春色不是隐在微吐嫩绿的枝头，也不是含在待放的花蕾中，而是藏在有情人的心间。"乱点碎红山杏发，平铺新绿水蘋生"的无边春色，大概也抵不过苏轼和王弗在蜀地眉山共同拥有的春光。

离别之后，往日的风流如天上的云雨般飘散，如今虽隔着重重山峦，但心中的深情永远无尽头。纵使洛阳的无边春色撩动了他的眼，但也只有故乡的那一抹春光能荡漾在他的心底。

全词由景及情，再由情遥想远景，形成了非常难得的结构回环美，苏轼对妻子的一往情深也在字里行间体现得淋漓尽致。

苏轼和妻子的情爱可谓感人肺腑催人泪下，别说在封建的宋朝，便是在现代也非常难能可贵。古往今来无数痴男怨女都曾经为爱情的谜题而困惑，其实最好的爱情不是永远坦诚相见一览无余，而是相处中能像挖掘宝藏似的不断带给对方惊喜。

嫁进苏家的王弗从不曾对人说起自己知书识字，如寻常新媳妇一般孝敬公婆打理家事，因为她勤快孝顺又性情温柔，深得苏府上下喜爱。

婚后苏轼没有荒废学业，每日里依然发愤苦读。王弗做完家务之后便拿着针线活儿安静地坐在一边，苏轼只以为她爱听自己的读书声所以读得越发起劲。

可是看着爱妻的他心猿意马，背书背到一半突然卡壳，急得满脸通红还是想不起来。王弗抿嘴一乐，轻轻提醒他一句，苏轼顿时觉得醍醐灌顶。惊讶之余，他指着满屋的书籍逐一考问，竟发现王弗都能说出个所以然来。

苏轼本以为自己只是娶到一个温柔贤淑的妻子，却没想到妻子聪慧颖悟可以成为自己的知己。妻子温柔的陪伴如一缕暗香时时萦绕于心间，让寒夜苦读时光也变得温馨旖旎起来。

千古文人佳客梦，却是红袖添香夜读书。宋代词人赵彦端在《鹊桥仙》中就曾经写道："留花翠幕，添香红袖，常恨情长春浅。"清代魏秀仁也在《花月痕》中写道："从此绿鬓视草，红袖添香，眷属疑仙，文章华国。"十年寒窗能有佳人陪伴自是可遇不可求的福气。

红颜女子知书方能红袖添香，如果不通文墨，又如何得趣？只是古代能识字的女子太少，更何况能通诗文又性情温柔。

王弗带给苏轼的惊喜恰如命运为他降下一场春雨，他的情丝在这场春雨中渐长渐生。他也无法说出爱情开始于具体的哪一刻，只感觉爱情在心里愈酿愈醇厚。

苏轼曾经这样形容过自己和王弗爱情的开端："其始，未尝自言其知书也。见轼读书，则终日不去，亦不知其能通也。其后轼有所忘，君辄能记之。问其他书，则皆略知之。由是始知其敏而静也。"

人世间的情感大多起于漫不经心的偶然，在岁月流转中无非走出两条路来，一条是互生怨怼陌路相逢，另一条是相融相合生死相依。

唐明皇的梅妃淡妆明秀，慧敏能文，又性喜梅，唐明皇对她动情为她赐名，并为她修建梅园。梅花盛开的季节，她常常陪伴唐明皇在梅树下赏梅作赋。只是后来唐明皇身边出现了千娇百媚的杨玉环，被冷落的梅妃只能一个人在梅树下暗自神伤。

花萼楼中，外邦使臣觐见唐朝天子和贵妃，不知是什么触动了唐明皇的回忆，他从贡物中取一斛珍珠命人给梅妃送去。这位善音律的梨园鼻祖，又命乐府官用新声谱曲，名"一斛珠"，该词牌名由此便传了开来。

无论那一斛珍珠多么璀璨夺目，也无论"一斛珠"的音律有多么婉转动人，唐明皇于梅妃终究只能算是一个薄情负心人。

苏轼以"一斛珠"作为此词的词牌名，是因为在他心中王弗如梅妃一样聪慧美丽，不同的是他不会像唐明皇那么多情。他们见到的第一眼便犹如相识于三生三世前，此情今生不会断绝，一定会延续到来世，直到永远。

古人曾有诗云："有美人兮，见之不忘，一日不见兮，思之如狂。"相思在苏轼的心里如同水草般蔓延，年轻的诗人平生第一次体会着思君不见的苦涩，但这种苦涩中又夹杂着一丝甜蜜，在这世间能有让自己牵挂的人何尝不是难得的幸福呢？

李白如此写相思："入我相思门，知我相思苦，长相思兮长相忆，短相思兮无穷极。"入得相思门来，谁人不知相思苦，苏轼打开了这扇相思门，窥见了情之所系如此幽深绵长。相思无穷无尽，有人在相思里沉沦，"衣带渐宽终不悔，为伊消得人憔悴"；有人在相思里迷茫，"一寸相思千万绪，人间没个安排处"。

春风让花草树木复苏，爱情在春风里疯狂滋长，春天里的离别最让人无法忍受，所以春天里的相思也最为缠绵。

南北朝的陆凯为相思所苦，恨不得将无边春色寄予友人："折花逢驿使，寄予陇头人。江南无所有，聊赠一枝春"；唐朝李商隐曾经穿梭在朦胧春雨中，爱情的火苗凝结成相思的诗句："春心莫共花争发，一寸相思一寸灰"；也是唐朝，杜牧在春风里，将思念抛洒在十里扬州的路途中："春风十里扬州路，卷上珠帘总不如"；多年以后，苏轼在赶考路上也陷入了相思，面对眼前明媚亮丽的春色美景，因为爱妻不能陪伴在身边，他的心仿佛蒙上了一层阴影，因为思念春色也便没有那么完美了。

然而他的相思最为别致，他将自己的心抽离出来，托于重重山峦，请山峦替自己传情，告诉身在故乡的那个人自己的相思。若问他的相思有多深，其实他也不清楚，只知道一直在向她所在的方向痴痴地望，一直望到昔日同住的西楼前，自己的相思大概就和这目光一般长，长到已经看到来年两人同游踏春时的美景。

"青青子衿，悠悠我心"，纵然苏轼在相思的心境中百转千回，但他依然是幸运的，能在人世间遇见真正的知己是上天的恩赐。纵然有短暂的分离，但这样的相思如同巧克力蛋糕，初品略显苦涩，但越尝越甜蜜。

人在年轻时，总觉得有大把好时光在未来等着自己，纵有愁绪也容易消解，从不怀疑绮丽的梦会有破碎的一天，所以以为人世间的分离都是短暂的，有情人总会在下一站等着自己。

身处洛阳城的苏轼正是如此，虽然春天里的相思让他心乱，但是他并没有在相思里沉沦。他相信自己和爱妻还会携手走过无数个春天，以后每个春天他都不会再跟爱妻分离，他们的爱情故事会在无边春色里一直延续下去。

第3章 休言万事转头空

人生如大梦一场，梦醒时分会觉万事皆空，二十岁左右的年纪如身处梦最美的时光，觉得自己可以拥有世上最美的一切。当苏轼跟着父亲和弟弟走进汴京城的那一刻，他的梦开始绽放出五彩斑斓的光芒。

苏洵这次没有参加考试，他目送着两个儿子走入景德寺考场大门，凭着对自己毕生所学的自信，隐隐感觉他们会在科举考试中一举夺魁。

欧阳修是这场考试的主考官，此时的他已是北宋文坛的领袖，以礼部侍郎的身份监考。他非常痛恨当时文坛盛行的内容空虚、矫揉造作、奇诡艰涩的文风，并联合一批志同道合的文人发起了诗文革新运动，大力弘扬简约质朴、感情真挚的文风。

当他从众多试卷中读到一篇《刑赏忠厚之至论》时不禁拍案叫绝，这篇文章的作者怀仁政治国之心，文笔流畅而犀利，立论独到而又有深刻的见解，真正是天下少有的好文章。他一气读完大呼起来："快哉快哉，老夫当避路，放他出一头地也！"从此，中国成语词典里便多了"出人头地"这个成语。

他有意将这篇文章的作者判为第一名，又觉得这篇文章和自己的文风颇为相似，以为是自己的学生曾巩所写，为避嫌只能将作者判为第二名。

打开试卷之后才知道，这篇文章的作者竟然是来自眉州的苏轼。欧阳修后悔自己的一念之差让苏轼和状元失之交臂，他为自己亏待了苏轼久久不能释怀，同时心里也将这篇文章的作者引为知己。

主考官录取学生，就如伯乐识千里马。在欧阳修圈点苏轼试卷的那一刻，他和苏轼便形成了"老师"和"门生"终生不渝的关系。

欧阳修为当时文坛权威，一字之褒或一字之贬，能决定学子的荣辱成败。对于苏轼这个学生他给予了异乎寻常的关注，他曾对自己的同僚说道："你们记住，有了苏轼，再过三十年，就没有人知道我欧阳修了！"

人与人之间相知相惜的情意能够跨越时间和空间的距离，欧阳修和苏轼相差三十岁，仍然成为亦师亦友的莫逆之交；他们相识十五年，真正见面的机会也不是很多，但是一点也不妨碍他们建立深厚的师生之情。

即使欧阳修仙逝之后，苏轼面对恩师在平山堂留下的书法墨宝，仍能感受到情谊的延续。

西江月

　　三过平山堂下，半生弹指声中。十年不见老仙翁。壁上龙蛇飞动。

　　欲吊文章太守，仍歌杨柳春风。休言万事转头空。未转头时皆梦。

　　平山堂位于扬州西北的大明寺侧，是欧阳修任扬州知州时所修，因地势高，坐此堂上江南诸山看得清清楚楚，似乎山与堂处于一个水平线上，故得此名。当年欧阳修经常在平山堂作诗填词，如今壁上仍刻有他的亲书手迹。

　　苏轼由徐州调任湖州途中路过扬州，平生第三次来到平山堂。此时距苏轼和恩师最后一次见面已达八年，而欧阳修也已仙逝七年，恩师在平山堂留下的笔墨还灵动如龙蛇，只是早已不见恩师影踪。

　　来来往往的岁月竟如弹指一挥，此时才惊觉十年光阴已蹉跎。《僧祇律》中写道："一刹那者为一念，二十念为一瞬，二十瞬为一弹指，二十弹指为一罗预，二十罗预为一须臾，一日一夜有三十须臾。"时光行走得太匆匆，啪嗒一声十已过，苏轼从没有想过时间的消逝会如此迅疾。

十年前和恩师最后一次欢聚畅饮仿佛还在眼前，谁又能想到那一次见面竟是永别？自认为的来日方长就这样败给了世事无常，恩师的书法墨迹刻在墙壁上还是那么清晰，似乎要如灵蛇一般飞舞起来，它们就是光阴的见证，一钩一画间尽是过往的美好记忆。

平山堂外忽然传来歌女的浅吟低唱，唱的正是欧阳修写下的"杨柳春风"词。也许是因为扬州的春风更醉人，欧阳修在扬州活得无比潇洒浪漫，他觉得自己先是一个写文章的人，然后才是地方官，所以自命为"文章太守"。

平山堂前被欧阳修亲手种满杨柳树，当杨柳枝在春风里招展，他写下一首《朝中措·送刘仲原甫出守维扬》："平山栏槛倚晴空，山色有无中。手种堂前垂柳，别来几度春风？文章太守，挥毫万字，一饮千钟。行乐直须年少，尊前看取衰翁。"

春风如约而至，杨柳依旧妩媚张扬，那个"挥毫万字，一饮千钟"的"文章太守"又到哪里去了？歌女的吟唱落在苏轼的心间，不禁为人生无常感慨万千。

恩师的教诲仿佛还在耳边，自己颠沛流离半生已逝，摊开双手，昔日的星光早已陨灭，细数自己的拥有，能抓住的竟也不剩下什么，还没有走到转头的那一刻已是空空如也，回望来时路不过大梦一场。

　　世界不因一个人的逝去改变分毫，很多人便说离开这个世界曾经拥有的一切都变成了一场空，白居易曾写道："百年随手过，万事转头空。"苏轼隔着时空和这位唐朝的诗人对话：你说人生转头一切成空，恩师仙逝固然诸事成空，而我们这些仍还活在世上的人，又何尝不是在一场大梦中，终归一切也是空无。

　　除了白居易和苏轼，还有很多诗人在诗词里倾诉自己体会到的虚空。李白在宫中未得圣恩，借美人来抒发自己的失意心情："一朝不得意，世事徒为空。"他口中的"空"是愿望成空。

　　崔颢登临黄鹤楼吊古怀乡，写下"黄鹤一去不复返，白云千载空悠悠"的动人诗句，他写下的"空"是世事茫茫。

　　王维可谓最爱用"空"这个字的诗人，他的"空"是一种留白，如"空山新雨后，天气晚来秋"；也是一种闲情逸致，如"兴来每独往，胜事空自知"。他运用"空"可谓妙笔生花，词"空"意却不空。

　　苏轼感悟的"空"却和所有人都不同，他想得更深，看得也更远。平山堂前，恩师欧阳修用自己的逝去为苏轼上了最后一课，由死及生让他看破红尘，终归一切空无，得失成败又何必纠结于心。

　　清代陈廷焯在《白雨斋词话》中评价苏轼写下的"休言

万事转头空，未转头时皆梦"时说道："追进一层，唤醒痴愚不少。"

平山堂前感慨人生的苏轼和我们印象中的苏轼相比，似乎没有那么乐观豁达，多了一些消极，这是因为他和恩师相知相交感情深厚，睹物思人，未免有些伤感。

尊师重道的思想一直流淌在中国人的血液中，《论语·子罕》中就这么形容师生情谊："仰之弥高，钻之弥坚。"师生情谊高过世间一切感情，而南北朝诗人庾信在自己的《徵调曲》中也将感念恩师形容为果实怀念大树，饮水思其源头："落其实者思其树，饮其流者怀其源。"

北宋被誉为"文人的天堂"，更是将尊敬师长不忘师恩当作文人最起码的品质。当时有游酢和杨时两人跟着程颐老夫子学习，他们在冬季的某一天陪着老师，聆听老师教诲，老师说了一会儿便闭目养神不知不觉睡着了，游酢和杨时不敢离去也不敢吵醒老师，安安静静地站着。

一直等到老师自己醒来才向老师请教，离开的时候他们刚才站立的地方积雪已经三尺厚了，"程门立雪"的故事便成了尊师重道的佳话。

欧阳修和苏轼的师生情缘起科举，却因彼此怀有同样的才华而惺惺相惜。欧阳修独具慧眼，看出苏轼文学上的成就将远超自己，作为一个文坛泰斗提点后进实属正常，但是承认学生将超过自己，不仅需要极大的勇气，还需要非常博大的胸怀。

学习的知识构成人生的纵坐标，见识和胸怀构成人生的横坐标，一个人只有纵坐标够深够长，横坐标才能更宽更远，欧阳修的横坐标和纵坐标都对苏轼有着深远的影响。

日后苏轼在诗、词、散文方面取得巨大的成就与欧阳修这位老师有着莫大的关系。欧阳修就像一个巨人，托举着苏轼登上文学的巅峰，并且欧阳修为人为官的行事风格也潜移默化地影响着苏轼。

"随风潜入夜，润物细无声"，师恩如春风化雨渗透苏轼的每段人生旅程，如今师恩未报却无从寻觅师长的影踪，怎不教苏轼伤怀感慨？

寥寥五十字，多情苏轼对恩师的思念之情令后世无数人动容。欧阳修和苏轼成为文人心中理想的师生榜样，而这首《西江月》也成为历史上尊师重道的典范，清代王士禛在《花草蒙拾》中也不禁感慨："平山堂一抔土耳，亦无片石可语。然以欧、苏词，遂令地重。"

第4章　东风陌上惊微尘

　　命运馈赠的所有礼物，早已在暗地里标好了价格。苏轼和弟弟首次上京赶考便双双金榜题名，这是上天赐予苏家的礼物，而同时他们也承受了母亲仙逝的哀痛。大喜大悲之间苏轼来不及细想，就与父亲和弟弟踏上了归程。

　　宋朝依照儒家之礼，母丧是极其重大之事，就算官至宰相也须立即退隐，守丧两年三个月之后才能官复原职，更何况仕途还没开始的苏轼，他只得忘记自己当朝榜眼的身份和弟弟在乡间蛰居。

　　在眉山度过的这两年三个月，是苏轼青年时期最快乐的时光。他们兄弟俩和年轻的妻子住在一起，诗词唱和相约同游，远离红尘有超尘脱俗之感。

　　孝期满后，苏洵带着儿子、媳妇再度赴京。宋仁宗嘉祐六年（1061），朝廷任命苏轼为凤翔府判官，协助知府处理事务。他的弟弟被任为商州军事推官，因为鳏居在京的老父亲身边需要人照料，所以辞谢外任不就。

苏轼带着妻子去凤翔上任，这是他和弟弟苏辙平生第一次分开。苏辙送兄长上任直送到离开封四十里外的郑州，郑州门外，兄弟俩终于站在了分别的路口。

苏轼站在高处看着弟弟雪地骑瘦马而返，他头上戴的帽子在低陷的古道上时隐时现，不觉神思恍惚备觉凄凉，心已随着弟弟的身影一同离去。

分别会使平常习以为常的很多事情变得特别珍贵。此后三年，苏轼一直在外为官，弟弟偕同妻子侍奉老父，兄弟无缘相见，只能凭书信往来倾诉衷肠。

他们兄弟的书信很少说琐事，每月互相寄诗一首相互唱和。此时苏轼才恍然觉得弟弟是自己最重要的诗友，他们用诗歌对话就像大小提琴合奏出美妙的心灵之音，可以慰藉孤苦无依的灵魂。

新年之初，苏辙在京师看到北方不同于家乡的风俗，不禁回忆起在家乡度过的岁首。家乡的温度比京城温暖许多，新年之初已是春意盎然，人们自会全城踏青赏春同时歌舞宴游，他在写给哥哥苏轼的信中便以《踏春》一诗来勾勒出家乡的风情民俗画卷。

在凤翔的苏轼读到弟弟的诗作，回忆起在眉山结伴踏青的盛景。那种狂欢虽然对于现在的自己来说，只能是遥不可及的回忆，但是雀跃的心早已呼之欲出跃然纸上。

和子由踏青

东风陌上惊微尘，游人初乐岁华新。

人闲正好路旁饮，麦短未怕游车轮。

城中居人厌城郭，喧阗晓出空四邻。

歌鼓惊山草木动，箪瓢散野乌鸢驯。

何人聚众称道人，遮道卖符色怒嗔。

宜蚕使汝茧如瓮，宜畜使汝羊如麏。

路人未必信此话，强为买服禳新春。

道人得钱径沽酒，醉倒自谓吾符神。

东风吹拂的小路上尘土微微扬起，游玩的人开始来到田野感受初春的气息。就算倾城而出车马杂沓，故乡的小路也不会尘土飞扬，那是因为故乡的空气永远那么湿润干净。写下这一笔，苏轼似乎已经嗅到了来自故乡的风。

出得门来人们就显得悠闲自在了。不必急着赶路，可以将车停在路旁小饮几杯，停在哪里也无所谓，毕竟麦苗短而柔韧，也不怕碾压过来的车轮。

那时节，车马慢，当时随心所欲何等畅快。因为那样的优哉游哉如今已不可得，苏轼更觉得那样的快乐无比珍贵。

居住在城里的人看厌了那些高高的围墙，早已向往着郊外美景，大家不约而同地天没亮就起床拥出城外，若是起床迟了便会发现左邻右舍都已经空无一人。

少年人更贪睡一些，苏轼和弟弟某天早上一觉醒来，发现城里已经四下无人，此时回忆起当初的懵懂，不觉哑然失笑。

人们野外欢宴，兴致盎然地敲响鼓乐，乐声惊醒了冬眠的山岭，草木在欢歌笑语中摇动，仿佛和着乐声在舞蹈。

野餐时用的锅碗瓢盆丢得满地都是，残羹剩饭吸引着远处的老鹰过来啄食，受欢乐气氛感染，它也不怕人了，竟像是成了被人驯服的宠物一般。

苏轼就像一个高明的摄影师，在四句诗里分别运用不同的镜头来渲染出人们春游的欢乐。第一句他运用了微距镜头，镜头中尘土在车轮的碾压下轻轻扬起纤毫毕现，更加清晰地窥见空气的清新干净。第二句他运用了中景镜头，镜头中马车停在麦地旁边的小路上，车内的人正旁若无人地饮酒。第三句他将镜头转向城内，运用了广角镜头，城内空荡荡的街道在镜头里极具冲击力，和郊外熙熙攘攘的人流形成鲜明的对比。第四句他又换成长焦镜头，聚焦远处的山岭、草木及禽鸟，它们加入了欢乐的盛宴，将踏青的气氛推到了顶点。

这四张"照片"近景、中景、远景全都有了，全方位立体地描摹出一幅赏春风俗画。

他津津有味地回忆着家乡踏青时的场景，突然当年一件趣事又浮现出来。

在熙熙攘攘的乡间小路上，一群人吵吵嚷嚷地围着一个自称道人的人，人群中央那人唾沫横飞，吹嘘自己画的符有多么灵验。"买了我这符，你家养的蚕结茧会和家里的瓮一样大，养的羊会和獐子一样圆滚滚。"

路过的行人哄堂大笑，都不太相信他的话，但还是有不少人买了他的符，不过是为了图个新春吉利，也是为了新春大家都高兴。

苏轼也被这位"道人"逗乐了，一时好奇，人群散后还跟着道人走了好远，发现他卖得了钱就去买酒喝了，喝得酩酊大醉了还躺在那里喃喃自语说自己的符真的很灵。

如此戏剧性的人物和戏剧性的场景，用"照片"来记录是远远不够的。苏轼运用了"拍电影"的手法，道人和周围行人皆入戏中，苏轼也是演员，似乎也是导演。他用诗句将道人和周围行人有趣的神态剪辑下来，甚至连对话也加入诗里，记忆中的踏春赏景便如在眼前般活灵活现。

一雪一诗情，一月一诗意，诗情画意一般都与风花雪月相连，很少有诗人将寻常对话写进诗里。

我们比较熟悉的诗中对话是李清照在《如梦令》里写到的："昨夜雨疏风骤，浓睡不消残酒。试问卷帘人，却道海棠依旧。知否，知否，应是绿肥红瘦。"在这首词里，李清照和丫鬟对话，关心院中的海棠是否安好，闲情雅趣尽情显露。

还有诗人崔颢在《长干行》中与渔家女的一问一答："君家何处住，妾住在横塘。停船暂借问，或恐是同乡。"萍水相逢的问候不失其雅致。

苏轼却独出心裁，直接将道人行骗的话语入诗，这种拙朴直白的写法在诗人中绝无仅有。

这首《和子由踏青》语言浅显，像诗人信笔涂鸦，最直白的表达其实诉说着最深切的思念，虽然分隔两地，以前踏青的场景却如电影画面般在苏轼的心里一遍遍上演。正因为这样，信笔写来浑然天成，寻常的踏青画面才有了打动人的力量。

春天因为生机勃勃颇受文人青睐，春风里邀约好友带上家人郊外散步游玩更是被文人们当作极雅至乐之事，留下的无数诗篇将历朝历代的春情盛景串成一幅完美的画卷。

唐代诗人温庭筠清明这日散步郊外，写道："清娥画扇中，春树郁金红。出犯繁花露，归穿弱柳风。"华丽的辞藻描绘着一派旖旎春光。

同样是唐朝，薛昭蕴春日里骑马踏青，"清明节，雨晴天，得意正当年。马骄泥软锦连乾，香袖半笼鞭"。高头大马踏着软绵绵的春泥，香风阵阵，正是春风得意好时光。

宋朝的柳永清明乍雨时分在烂漫花丛中漫步，花丛中时时可见寻芳的明媚少女。"盈盈。斗草踏青。人艳冶、递逢迎。

向路傍往往，遗簪堕珥，珠翠纵横。"盛装打扮的少女成为春日里另一道亮丽的风景线，同时也映衬出盛世的承平气象。

苏轼写踏青，没有让人读来口齿噙香的华丽辞藻，也不去渲染歌舞升平的盛世气象。身在凤翔的他与弟弟分离，望着从凤翔城结伴往郊外而去的人流，他只能在心里一遍又一遍地描摹以前在故乡踏青的情景。

思念里往往藏着最深的孤独，春阳下的思念尤甚。苏轼却并不是最孤独的那一个，南唐后主李煜也曾经在春光明媚中思念自己的弟弟，他派弟弟李从善前往北宋都城开封进贡，弟弟被宋太祖扣押，李煜发出国书恳求放回弟弟却都遭拒绝。

李煜身处江南，所见春日胜景一定是极美好的，然而弟弟杳无音信，在李煜眼中江南春景已失去了往日的美好与绚丽。"别来春半，触目柔肠断。砌下落梅如雪乱，拂了一身还满。雁来音信无凭，路遥归梦难成。离恨恰如春草，更行更远还生。"满腔的离愁别绪化为细碎浓密的春草，绵延到天边……

虽然也是春日里的思念，但苏轼的思念和李煜的不同，所以苏轼写思念并不悲伤，回忆起故乡的风俗民情令人备感亲切，他的字里行间便多了几分幽默的色彩。

他和弟弟虽然天各一方却未来可期，并且自从他们在郑州城门分别之后，兄弟之间一唱一和从未间断过，就仿佛他们一直在一起，从未分离。

这样的来往唱和中兄弟友情愈加深厚，同样提升的还有他们彼此对文字的见解和心境，可以说正是这种诗歌对话的形式成全了他们。所以林语堂先生评价苏氏兄弟时才会如此说："往往为了子由，苏轼会写出最好的诗。"

第 5 章　何处访吴画

凤翔位于陕西西部，离渭水不远，陕西是中国文化发源地之一，整个渭水流域极富名胜古迹。凤翔也不例外，境内文物遗迹留存很多，其中秦刻"石鼓"、秦碑"诅楚文"、王维吴道子画、唐代著名雕刻家杨慧之所作维摩像、东湖、真兴寺阁、李氏园和秦穆公墓被苏轼称为"凤翔八景"。

苏轼在凤翔安顿下来，新知府还没有到任，府衙中公事不多，苏轼便有了大把闲暇时光畅游于山水之间，沿着秦人的足迹去寻找自己未来的人生之路，留下了诗歌作品一百三十八首，大部分都是游记诗。《王维吴道子画》是苏轼写的"凤翔八观"组诗中的第三首。

王维吴道子画

何处访吴画，普门与开元。

开元有东塔，摩诘留手痕。

吾观画品中，莫如二子尊。

道子实雄放，浩如海波翻。

当其下手风雨快，笔所未到气已吞。

亭亭双林间，彩晕扶桑暾。

中有至人谈寂灭，悟者悲涕迷者手自扪。

蛮君鬼伯千万万，相排竞进头如黿。

摩诘本诗老，佩芷袭芳荪。

今观此壁画，亦若其诗清且敦。

祇园弟子尽鹤骨，心如死灰不复温。

门前两丛竹，雪节贯霜根。

交柯乱叶动无数，一一皆可寻其源。

吴生虽妙绝，犹以画工论。

摩诘得之以象外，有如仙翮谢笼樊。

吾观二子皆神俊，又于维也敛衽无间言。

　　苏轼除了写诗和作文外，其实画画也很有天赋，"不学而得用笔之理"。他的画作自出新意浑然天成，靠的是天赋、修养和意趣，后人说他的画是文人画，而不是画师画。

　　诗作上的成就掩盖了他其他方面的光芒，但是画画对于苏轼来说也是值得付出极大热情的事情，所以当他听说凤翔普门寺和开元寺的墙壁上还留有吴道子的画时欣喜若狂。

　　吴道子被称为"画圣"，曾任唐玄宗的宫廷画师，最擅长画佛像。即便在宋朝，吴道子也被学画之人当作偶像顶礼膜拜，居然能见到吴道子的真迹，这是凤翔给苏轼的惊喜。

惊喜一重接一重，等苏轼到了开元寺，居然发现东塔之上还留存着王维亲手画的墨竹图。

王维字摩诘，是唐朝有名的"诗佛"，也特别善于作画。苏轼觉得他是自己的同道中人，能在这里同时看到吴道子和王维的画好像是命运在冥冥之中的特意安排，他们两人结合就是理想中的自己，所以此时在他的心里古往今来的画家都比不上这两位尊贵。

不是说吴道子和王维的作画技法超过所有的画家，只是这一刹那，苏轼觉得自己似乎和他们息息相通，精神世界的契合超过一切娴熟的技法。

苏轼先从吴道子的画看起，他的画风实在雄奇奔放，浩浩荡荡如海浪翻滚，由此可以看出当他下笔时灵感已如疾风骤雨，所以画笔还未到气势已先声夺人。

一般人赏画只能看到画的布局和颜色搭配是否高明，真正懂画之人才能够通过画的表面看到画家当时的状态，有人说阅读是读者和作者之间的对话，赏画又何尝不是如此？

看哪，在那高高的两棵娑罗树间，灿烂的朝阳从东方冉冉升起，画的中间有至高无上的佛祖讲说寂灭的教义是超脱生死，觉悟的信徒都在悲哀哭泣，但是仍有执迷不悟之人手掯着胸膛表示不理解。天竺的众多君王和千千万万鬼王互相拥挤着争听佛法，为了能听得更清楚一些，每个人都像老龟一样拼命伸长脖子。

年轻的苏轼此时已有了些佛性，虽然没有参透"五蕴皆空"的奥义，但是也被吴道子画中描绘的佛教世界所吸引，也许只有到那个世界才能理解人间的生死寂灭。

苏轼再转头看王维的画，在他印象中王维是一位可敬的老人，读他的诗好像美人佩戴着香草一样秀美芬芳。今天看到他的壁画，才发觉也和他的诗品一样，虽然年代久远，仍然散发着清香，风格清秀而又浑朴。

他在王维的画中看到的佛教徒一个个清瘦像仙鹤，从他们的面容中可以看出他们内心枯寂如火焰熄灭不可再燃。

"祇园"是佛教弘扬佛法的场所，后用来指称佛教弟子，佛教徒的"心如死灰"并不是看破红尘后的颓丧，只是六根清净没有太多的欲望，只有达到这样的状态才能静心参悟佛法。苏轼自问暂时还不可能做到无欲无求，最多只能做到保持一点点佛性达观生活。

在佛教徒居处门前有两丛竹子，如霜雪般清劲的竹节贯连竹根，枝干交错着，繁乱的叶子摇动，一层叠着一层，但是静下心来看的话每一根都能找到它的根源和经络。

只有对竹子无比喜爱，才能有耐心在画中顺着每片竹叶去厘清每一根竹子的根源和经络。苏轼之爱竹尤爱竹节，潜移默化中他将竹节的清劲也融入自己的风骨，这样的品格贯穿了他的一生，成就了他的不朽。

我们不能说苏轼是从这一刻开始爱上竹子的，只能说他在王维画前细数竹节的时候更加坚定了自己的信念。

两幅画赏完，苏轼心中已有了评判：吴道子的画虽然绝妙，但仅仅胜在杰出的画工上，从开始有灵感到最后细细描摹细节，每一处都将精湛的技艺体现得淋漓尽致；王维的画却胜在精神上，他的画作就如同仙鸟终于飞离牢笼，超脱于形迹之外。他认为两人的画各有千秋，都气势飞扬超凡脱俗，但是对于王维他更是觉得佩服得说不出一句话来。

为何苏轼会觉得王维更高一筹呢？单从艺术方面来说，吴道子的画作无疑是神品，他借画笔展现的佛教世界栩栩如生，感觉下一刻就要从墙上走下来，起笔运笔之间，精妙莫测。他的匠心早已深入内心，所以画作才会气势磅礴同时细节活灵活现。

但在苏轼看来，吴道子的技法再高明，也不过是个画工而已。王维的画却具有了超越画面之外的神韵，从佛教徒的无欲无求到竹节的清劲，无不向世人展现内在的精神追求，而这种气质正好引起了苏轼内心世界的共鸣，追根究底也是因为他们都同样具有诗人的气质，同一个频道上的震颤才显得和谐。

苏轼这首诗堪称文艺评论的上乘之作，两幅伟大的作品在一首诗里表现出来已属不易，更不容易的是还要分出高下，他采用的手法颇为老到。

先是不遗余力地描写吴道子画作之精妙，然后写王维画作只说画如其诗，对画的描写只用了寥寥数笔，到最后说吴不如王，王维画作的精妙之处就是让人浮想联翩。如此有抑有扬的写法跌宕起伏，避免了将王维、吴道子画作平行并举的呆板写法，全诗读完虽意尽却余味无穷。

苏轼这首诗以结构之妙获得后世高度的评价，清代文学家纪昀深谙其中之妙，评价道："摩诘、道子画品未易低昂，作诗若不如此，则节节板对，不见变化之妙耳。双收侧注，寓整齐于变化之中。"同为清代文学家的翁方纲也对其大加赞赏，认为："浩瀚淋漓，生气迥出……此篇则古所未有，实苏公独立千古之作。"所谓的"前无古人后无来者"也不过如此。

苏轼为凤翔有名的八处景观都留下了诗吟咏，八首诗分别为：《石鼓歌》《诅楚文》《王维吴道子画》《维摩像》《东湖》《真兴寺阁》《李氏园》《秦穆公墓》，这八首诗皆是苏轼早期诗歌中的力作，才情奔放，舒卷自如。

诗人将这八首诗收入《凤翔八观》的组诗中，并作序言："凤翔当秦、蜀之交，士大夫之所朝夕往来。此八观者，又皆跬步可至，而好事者有不能遍观焉，故作诗以告欲观而不知者。"

　　苏轼写下这些诗就像现在做游记攻略一样，本意不过是想让准备来游玩的人可以按图索骥，却没有想到这些景点因为他的到来而添不少灵气，和他的诗作一起直到今天仍被人津津乐道。实在说不清楚究竟是凤翔的景点成就了苏轼，还是苏轼的才华让这些景点得以流芳千古。

第6章　南溪得雪真无价

在诗人的眼中雪都是冬天的精灵，雪花飞舞中总会生出浪漫的诗情，那片洁白的世界是诗人们梦想中的伊甸园，所以无雪不成诗，但每个诗人笔下的雪又有着不一样的气质。

唐朝韦应物笔下的雪清冷而高贵："怪来诗思清人骨，门对寒流雪满山。"而在东晋陶渊明看来，雪又是无比静美的："倾耳无希声，在目皓已洁。"在唐朝韩愈的眼中，雪却是调皮的："白雪却嫌春色晚，故穿庭树作飞花。"同样是唐朝，在高骈的眼里雪却是最善良的："如今好上高楼望，盖尽人间恶路岐。"

可以这样说，几乎每个诗人都会或多或少留下写雪景的诗篇。苏轼的故乡四川很少下雪，他在前人的诗句里见过雪的无数种样子，自己却从未亲临雪中胜景，对于下雪他心里始终怀有一种孩子般的憧憬，这种期待终于在凤翔得以美梦成真。

十二月十四日夜微雪，
明日早往南溪小酌至晚

南溪得雪真无价，走马来看及未消。

独自披榛寻履迹，最先犯晓过朱桥。

谁怜屋破眠无处，坐觉村饥语不嚣。

惟有暮鸦知客意，惊飞千片落寒条。

嘉祐八年（1063），入冬以来的第一场大雪纷纷扬扬飘落在关中大地，凤翔城南的南溪河也被初雪覆盖。苏轼曾经站在南溪边无数次描摹过雪落河面的画面，带着一偿夙愿的心情，苏轼欣然前往南溪观雪。

纯净的雪一尘不染地铺展在南溪两岸，放眼望去看不到边际，只有溪水在薄薄的冰层下潺潺流动。

关中大地下雪是很稀松平常的事，雪落南溪在当地人眼里算不得美景，但是在苏轼这种很少见到下雪的外乡人眼里，这一刻眼中所见的美景便算得上是时光馈赠给自己的无价宝。

去南溪的路不太好走，苏轼一个人迎着黎明的曙光上路，当他从丛生的杂草中终于找出路来，走上跨越南溪的一座红色小桥时，他很高兴地发现自己竟然是南溪最早的游客。这一发现让苏轼如同孩子般雀跃，只能用"最先"两个字来表达自己独赏这份清幽美景的得意之情。

读到这里，一般人都会无比期待，才子苏轼眼中见到的雪景会有着怎样不一般的美丽，他又会用怎样不俗的诗句来勾勒所见美景呢？出人意料的是，苏轼这个时候却不打算回答这两个问题。

美景落在苏轼的眼里，他却透过雪景看到了南溪边破旧的房屋。风雪萧萧的夜晚，住在屋里的人该如何安睡，有谁来怜悯他们呢？

都说雪落无声，也许这样的寂静和美无关，只是因为村民们饥寒交迫啊。

此时，暮霭沉沉，寒鸦惊飞，初见南溪落雪的雀跃之情荡然无存，取而代之的只有一片悲悯之情。

他的家乡很少下这么大的雪，之前他从未思考过大雪之下贫困百姓的生计。此时在凤翔的雪地中，他恍然惊醒，原来大雪之下不仅蕴含浪漫的诗情，还覆盖住了百姓的悲凉。它很有可能成为压垮百姓的最后一根稻草，一尘不染的雪地看上去纯净实则却很无情。

在树林间飞来飞去的乌鸦似乎懂了苏轼的心意，震落片片雪花像一条条银练倾泻而下，也算是为诗人助兴了。

恍惚间，有个诗人从唐朝穿越而来，他口中疾呼："安得广厦千万间，大庇天下寒士俱欢颜！"隔着时光的洪流，苏轼和唐朝的杜甫心意相通，他们都想为穷困百姓呐喊。

但是他们又那么不同，杜甫因为自己的茅屋被秋风所破才想到"天下寒士"，而苏轼目睹美景却已惊觉"谁怜屋破眠无处"，不敢说苏轼的境界高于杜甫，只能说苏轼的醒悟来得更早一点。

杜甫和苏轼并不孤单，岳阳楼上的范仲淹和他俩极为相似，他面对浩渺的洞庭烟波写下"先天下之忧而忧，后天下之乐而乐"这样的句子。他们都是无法漠视民间疾苦的官员，但他们又是不容于时代的人，只因为心中保留着对百姓那么一点温度而不容于朝野，都因为帮助百姓发声而屡遭贬谪。

如果苏轼能够像白雪一样无情，对民间的苦难视若无睹，他以后的日子会好过很多，但那也就不是苏轼了。父亲苏洵的言传身教，西出蜀山的踌躇满志，都让他无法尸位素餐，无法把精力只花在投机钻营浪迹宦海上。

凤翔不是风调雨顺的川西平原，常常一连数月不下雨，当地百姓久为干旱所苦。

有一年连续三月无雨，苏轼察看旱情后寝食难安，忧心忡忡地写下："我来秋日午，旱久石床温。安得云如盖，能令雨泻盆。"太阳把河床上的石头都快烤化了，苏轼多么希望自己能呼风唤雨，替老百姓下一场倾盆大雨。

见雪思老百姓屋破，逢旱希望自己能有一片云，不同季节不同场景，百姓遭受的苦难都深深攫住他的心，他没有将自己当作高人一等的才子官员，无时无刻不在与百姓共情。

苏轼一挥而就写下《凤翔太白上祈雨祝文》。在这篇文章里，他言辞切切，对看不见的神仙晓之以理动之以情：久旱不雨，我一任小官都为此忧心忡忡，你那么个大神岂能心安理得？快来场雨吧，你对上有个交代，对下也不至于让老百姓失望啊。

也许是他这篇《凤翔太白山祈雨祝文》写得感天动地，经过几番折腾，凤翔终于迎来三场喜雨。旱情得到了缓解，苏轼按捺不住喜悦的心情，和老百姓一起在大雨中载歌载舞，举杯欢庆，并把他在官舍旁刚刚建成的亭子命名为"喜雨亭"，激动之余写下了著名的《喜雨亭记》。

在这篇文章里，苏轼用"忧者以喜，病者以愈"这样的句子来形容这场及时雨，字里行间洋溢着苏轼以民苦为苦，以民乐为乐，与凤翔百姓忧患相通、心心相印的忧国忧民意识。民间及时雨的功效远胜于一剂良方，而苏轼对于凤翔的百姓来说又何尝不是一场"及时雨"呢？

祈雨事件令苏轼深深懂得排涝防旱对于当地百姓生产生活的重要意义，如何修建一个水多则蓄之、干旱则泄之的利民湖，成了苏轼日思夜想的课题。

凤翔城外西北角有泉，泉水东西分流，看上去像凤凰展翅，因此得名"凤凰泉"。城东南有池，据古文记载，周文王时期曾有凤凰从凤翔城上飞过，在此池中饮水，所以名曰"饮凤池"。这两处水源本是当地名胜，但因为年深月久疏于打理，池水都浑浊不堪。

苏轼深入当地，无数次勘察并走访当地老人，惊喜地发现城西凤凰泉水和城东的饮凤池之间颇有关联，一个大胆的想法应运而生。他发动官民，因势利导，将原"饮凤池"扩展疏浚，引凤凰泉水注入为湖，用了不到三年时间，终于将池水变成清湖。

因为湖在城东，故题名为"东湖"。湖建成以后，苏轼又在湖畔种莲栽柳，植竹养花，建亭修桥，将东湖打造成一个清澈秀美又大气磅礴的城内湖，让人叹为观止流连忘返，不仅为官民提供了一个曲径通幽古朴典雅的休憩之所，更是改变了凤翔府城的干旱面貌，实现了苏轼思考的排涝防旱利民功能。

在苏轼之前，谁能想到这样一个极富活力与动感的湖泊能出现在干旱少雨的西北地区，但苏轼将这样的梦想变成了现实，只因为他不仅是一个务实的官员，更是一个浪漫的诗人，更因为他已将自己的情感和凤翔百姓的心声融为一体。

后来苏轼将修建东湖从规划到实现蓝图的过程都写进了《东湖》这首诗中，诗中他写到了饮凤池的传说和美景。"闻昔周道兴，翠凤栖孤岚。飞鸣引此水，照影弄毵毵。"面对饮凤池的美景他想到的是怎么将其为百姓所用，造福于民的意义远远大于诗情画意。

"扶风古三辅，政事岂汝谙"，从当初南溪赏雪感慨"谁怜屋破无眠处"到现在能将理想落到实处，苏轼在凤翔一点点成长。他写下的"披榛寻履迹"也正是他人生的写照，他想要追寻的并不仅只是风花雪月，他一直寻找的是一条为民谋福之路。

正因如此，他官舍旁修建的"喜雨亭"倒塌了，当地百姓又在东湖边建"喜雨亭"纪念他，屡毁屡建，只为将苏轼永远记在心中。天地或许无情，但人心有情，苏轼之于凤翔百姓就如"南溪得雪"一样是真正的无价之宝吧。

第7章　十年生死两茫茫

人生的相会真的很奇妙，有时淡若清风，能永远相伴；有时炫丽无比，却只如昙花一现；有时浪漫到了极致，却给你痛苦一生的回忆。

能和有情人沉浸在爱情的甜蜜中无疑是幸福的，但是当生离死别横亘在有情人中间，昔日的甜蜜就会幻化成无穷无尽的忧伤缠绕住你，想逃也逃不开，想躲也躲不掉，因为缘分之起缘分之终半点不由人。

高高在上如唐明皇，纵使他和杨贵妃的爱情可以超越世俗，但也有缘分终止的那一刻，那一刻也只能哀叹"上穷碧落下黄泉，两处茫茫皆不见"。浪漫多情如陆游，纵使他对唐婉已经爱到了骨子里，却也只能是情深缘浅，到最后也只能痛悔"东风恶，欢情薄。一怀愁绪，几年离索。错、错、错"。

苏轼虽然才华过人，但是他和爱妻王弗也只是红尘男女，他们缘深缘浅自然只能任时光来摆布。

苏轼远离故土宦游途中，王弗一直不离不弃地陪伴在身边。她的内敛贤淑自始至终，她的聪慧却日久方显，苏轼用"敏而静"这样的评语评价爱妻，因为王弗不仅是苏轼居家读书的良伴，还是他处世交友的贤内助。

作为诗人的苏轼看待世界的眼光富有诗意，但是作为官员来说却不够成熟老练。他为人豁达不拘小节，曾说过"眼前见天下无一个不好人"。这样的苏轼让王弗很不放心，他是大事精明小事糊涂，但是构成人生底色的往往是许多小事，在这方面精明平实的王弗就显得比苏轼有智慧多了。

每每有客来访，苏轼和客人交谈之时王弗便躲在屏风后面屏息静听，等客人走了之后她再将自己的感受告诫苏轼。

有人上门求助，言语间特别热情谄媚，王弗就会理智地提醒不能因此人的一时热情与之深交，要小心提防；有的客人言谈间模棱两可首鼠两端，完全按照主人的心思说话，王弗会很明确地断定此人绝不可交。

她不愧是识人断人的高手，凡是被她特别提及的人后来都原形毕露，比如早年和苏轼过往甚密的谢景温和章惇等人都被王弗识破，后来在涉及个人利益的党派之争中，他们一个个翻脸比翻书还要快。

苏轼能得此贤内助可谓三生有幸，只可惜这样的幸运并没有持续多久，就在他离开凤翔迁居京城不久，年仅二十七岁的王弗突然染病去世，只留下年仅七岁的幼子和苏轼无尽的哀思。他将王弗运回故乡安葬，并在坟墓周围的山坡上种下三万多棵松树，以此来象征他和王弗的爱情万古长青。

多年后，苏轼宦海沉浮几经坎坷，在一个皓月当空的晚上，他再一次在梦中和亡妻王弗相遇。又一次见到那张沉静秀美的笑脸，苏轼恍惚觉得她从未远离，在他每一个夜读的窗棂下依稀都有她的身影。蓦然醒来眼前却空空如此，十年来的思念只有化作泪水融于他的诗篇。

江城子·乙卯正月二十日夜记梦

十年生死两茫茫，不思量，自难忘。千里孤坟，无处话凄凉。纵使相逢应不识，尘满面，鬓如霜。

夜来幽梦忽还乡，小轩窗，正梳妆。相顾无言，惟有泪千行。料得年年断肠处，明月夜，短松冈。

他和王弗之间隔着茫茫的岁月，一头是生一头是死。

时间这把刻刀看似无情却又有情，它无情地在他们之间刻上了十年的年轮线，却将思念刻画得如此有棱有角。不须刻意去捡拾，因为从来就在心里一刻也不曾忘记，忧伤就在对时间的感怀中缓缓拉开帷幕。

时间上苏轼和爱妻隔着十年距离，而这十年更是苏轼因反对王安石新法屡受排斥的十年，他在仕途上遭受压制悲愤交加，自然更加思念蕙质兰心通明事理的王弗。

千里之外的家乡，爱妻孤零零地躺在坟茔里，是那么凄凉。苏轼四处漂泊，即便只是想在坟头和她说说话也不可能，思念的距离早已拉长在光年之外，忧伤显得更无可奈何。

都说相思催人老，更何况是这样的生离死别，苏轼此时还不到四十岁，一句简短的"尘满面，鬓如霜"就简洁地勾勒出岁月的痕迹。这种白描的笔法有着以实见虚的妙处，容颜的苍老反衬出仕途艰辛心力交瘁的苦楚，相思愈加哀婉动人。

冲破时间和空间的禁锢与爱妻相聚，唯一的方法就是怀抱着苦楚的哀怨入梦。

在梦里苏轼回到了家乡，沿着旧时小路走过爱妻的闺房，窗内爱妻正在梳妆。女为悦己者容，苏轼相信爱妻一定也在苦苦地等待和自己相见。

梦中相见能说什么呢？窗内是缠绵的思情，窗外是难以诉说的沧桑，碰撞到一起只剩下两人痴痴地凝望，千般滋味在心头不知从何说起，只有眼泪无声在脸颊上流淌。此时无声胜有声，忧伤在两人无语相望中达到了新的高度，如海潮一波接着一波绵延不断。

苏轼从梦中好不容易才醒来，突然觉得梦境是那样熟悉，自从与爱妻分别他似乎一直挣扎在半梦半醒之间。

想来长眠在短松冈的爱妻，每逢月圆之夜，因为眷恋人世难舍的亲人，该是柔肠寸断吧。

词的上阕苏轼写下真实的离别景象，下阕写出虚幻的重逢时刻，不仅将现实的感受融入了梦里，更是推己及人，设想出亡妻一个人凄凉幽独的哀怨心境。这种设想死者的痛苦来寄托自己悼念之情的表现手法和杜甫的名作《月夜》非常类似。

安史之乱中杜甫被叛军所俘禁闭在长安，月圆之夜思念家乡，于是写下这样的诗句："今夜鄜州月，闺中只独看。遥怜小儿女，未解忆长安。香雾云鬟湿，清辉玉臂寒。何时倚虚幌，双照泪痕干。"诗中不写自己看月如何，从设想妻子和儿女看月来抒发自己的情感。

不提自己的相思有多苦，反而心疼对方相思苦，只因相思早已入骨，更衬托出这首《江城子》最后三句情到深处痛入骨髓，词虽言尽忧伤却永无尽头。有人说过一个人真正的死亡不是在下葬的那一刻，而是这个世界再没有一个人记得自己，苏轼如此日思夜想，是不是意味着爱妻从未离去呢？

真正刻骨铭心的感情是不用时时想起的，即便那个人不在了，关于他的记忆也会一直封存在记忆中，诗人也便习惯了用诗词来悼亡逝去的感情。

最具开创性的悼亡诗是西晋时期潘安所写的。他是世人皆知的美男子，娶了西晋书法家戴侯杨肇的女儿为妻。婚后两人共同生活了二十四年，感情深厚，杨氏死后潘安悲痛至极，为她服丧一年。

潘安为死去的妻子写下三首诗，以《悼亡诗》命名，用"如彼翰林鸟，双栖一朝只。如彼游川鱼，比目中路析"这样脍炙人口的诗句来寄托哀思。在潘安之前已有悼亡诗出现，但是以"悼亡诗"命名是从潘安开始的，此后悼亡诗这个名词就专指悼念妻子的诗作。

对后世影响最深的悼亡诗当属唐朝大诗人元稹写的《离思》。韦丛二十岁时下嫁尚无功名的元稹，婚后虽受贫苦之困却毫无怨言，与元稹感情甚笃，七年后病逝，元稹用《离思》五首表达对她的怀念之情。

其中最著名的诗句"曾经沧海难为水，除却巫山不是云"化用宋玉《高唐赋》里"巫山云雨"的典故，运用"索物以托情"的比兴手法赞美了夫妻之间的恩爱。这两句诗已经超越了悼亡诗的范畴，流传到后世成为经典的爱情誓言。

最被低估的悼亡词是北宋词人贺铸写下的《鹧鸪天》。贺铸长相丑陋，一生郁郁不得志，济国公的女儿赵氏下嫁给他，两人婚后生活甚是甜蜜，到贺铸五十七岁时妻子在苏州离世。

贺铸安顿好妻子后事之后不得不赶往别处任职，一年后贺铸重回苏州，旧地重游想起妻子悲从中来。贺铸写下"梧桐半死清霜后，头白鸳鸯失伴飞"这样凄美的句子来比拟自己的丧偶，形象地刻画出作者的孤独和凄凉。

贺铸在《鹧鸪天》中表现的深情足以和苏轼的《江城子》媲美。之所以说这首词被低估，是因为这首词虽然和苏轼的《江城子》算得上宋词中悼亡词的双璧，但是这首词相较于苏轼的《江城子》，不管在才气还是人气上都略显不足。

苏轼这首悼亡词和其他悼亡作相比别具一格，他以记梦的方式抒发自己对亡妻的深深思念，词中也没有过多地使用比兴的手法，反而用白描的手法去表现生活中的细节，这和他平时的写作风格颇为不同。

只因为王弗的死于苏轼而言，不仅是一个妻子去世那么简单，她的逝去让苏轼失去了一个红颜知己、一个灵魂伴侣和精神依靠。失去了她，苏轼也就失去了自己的精神家园，就算日后他能攀上巅峰，身边却空无一人，这样的空无让苏轼无法接受，所以苏轼即便作为豪放词派的先驱，也写下了这首婉约风格的千古绝唱。

他在词中，时分时合穿梭于虚实之间，一步步将思妻的忧伤推向高潮。纵然过了千百年，读来仍能让人潸然泪下，成为能在生命里反复吟唱、静夜中不断怀思的乐音。

第 8 章　且陶陶、乐尽天真

在红尘中穿行，当岁月的风呼啸而过，你还会谈起自己的理想吗？

理想就如暗夜中的北斗七星，总能为你指引前方的道路，历代无数诗人都曾经在诗词中谈到理想。

李贺说"男儿何不带吴钩，收取关山五十州"，生为男儿就要征战沙场。李清照说"生当作人杰，死亦为鬼雄"，即便为女儿身，活着要做人中俊杰，死了也要做鬼中英雄。杜甫说"会当凌绝顶，一览众山小"，生而为人就要俯瞰众生。

理想可以超越平凡的生活，也可以藏于平凡的烟火气中，随着境遇的变化，理想也会时时流转。

比如苏轼，他曾经有宏大的理想，就是用自己的才华为国为民谋福，当他人生的轨迹和这样的理想发生了偏离，他也不可避免地重新设定了自己的人生理想。

王弗去世的第二年，苏洵也仙逝了，苏轼和苏辙立即辞去官职，在家乡蛰居守丧。两年零三个月居丧期满后，苏氏兄弟再次返回京城。此时朝廷颇不平静，政治风浪波涛汹涌，苏轼和弟弟不可避免地被卷入争斗的旋涡中，而这也正是日后苏轼屡遭贬谪宦游四方的根源。

此时朝堂上神宗皇帝非常信任王安石，任命他为参政知事，也就是副宰相，想依靠他推行变法，以求富国强兵，改变积贫积弱的局面。王安石其人，不仅文才过人，胆识也过人，但也有人质疑他人品低劣不堪重用，甚至还有人说苏洵写的文章《辨奸篇》中要分辨的就是王安石这个奸臣。

苏轼对于这样的传言不以为意，只是听说神宗皇帝支持王安石变法便十分激动，以为自己终于等到了大显身手的机会，可以实现自己的理想，放手干一番轰轰烈烈的大事业了，谁知朝廷任命他为管告院判官这样的闲散差事。这个官职负责掌管官员和将士的勋封和官告等事，只是朝廷储备人才的机构，做不了什么实事，苏轼顿时有一种英雄无用武之地的感觉。

在宋神宗的支持下，王安石的变法雷厉风行地实施起来了，在朝廷引起了极大的震动。苏轼虽然不能参与新法变革，但他最初对变法是赞成并支持的。他认为这些革旧立新的措施不仅可以为朝廷增加财政收入，也会减轻百姓的负担；同时他也觉得王安石出发点虽好，但做法太过激进，当时朝廷上很多人都因为这个原因反对王安石变法。

王安石不管不顾，将反对他变法的老臣一律免职，就连当朝宰相司马光也因不同意王安石主张被连降三级，只好辞职回家编写《资治通鉴》去了。

苏轼心中愤懑，如鲠在喉不吐不快，虽然明知道神宗皇帝是变法的幕后推手，仍然写下了措辞激烈的三道奏折：《上皇帝书》《再上皇帝书》和《三上皇帝书》，在奏折中劝皇上不要站在百姓的对立面。

神宗收到奏折后并没有听从苏轼的劝告，但也没问罪于他。王安石知道苏轼上书后怒不可遏，将苏轼归到反对派的阵营中去了，可怜一心为民的苏轼糊里糊涂地陷入了朋党之争而不自知。

当局者迷，旁观者清，苏轼的弟弟苏辙敏锐地看清楚形势。他给苏轼写了一封信，他认为苏轼已经成为变法派的眼中钉肉中刺，若不及早退出这种是非的旋涡必会伤及自身。弟弟的来信让苏轼恍然惊醒，于是上书乞求出京任职，宋神宗欣然应允，诏命他为杭州通判。

苏轼接到圣旨如释重负，连夜收拾行李天亮即出门，乘船沿着大运河向南而去。在船上，苏轼望着黛青色的山岭绵延不绝，闻着两岸的庄稼清香扑鼻，这一刻心情无比愉悦。离开了庙堂之高处，仿佛觉得自己从此就成为江湖隐士了，可以与麋鹿为邻，以山野为室。

虽然苏轼去的杭州并不是真正的山野之地，但是从政坛旋涡中能够全身而退，此时的他就像一只刚刚出笼的鸟儿，心中满是脱离樊笼的喜悦。从压力中终于得以解放出来，他对于人生理想又有了新的思考。

行香子·述怀

清夜无尘，月色如银，酒斟时、须满十分。浮名浮利，虚苦劳神。叹隙中驹，石中火，梦中身。

虽抱文章，开口谁亲？且陶陶、乐尽天真。几时归去，作个闲人。对一张琴，一壶酒，一溪云。

船行进在夜色中的运河之上，皎洁明亮的月亮投放出空灵的银色月光，这样的月色，饮酒的酒杯必须斟满才行。

开篇苏轼便营造出清夜明月的唯美意境，同样的意境可以在唐朝张若虚写的《春江花月夜》中找见。"江天一色无纤尘，皎皎空中孤月轮"，是真的夜色无尘吗？非也！"无尘"只是因为写下诗词的人心中了无牵挂，正所谓心中有怎样的世界，眼中就会看到怎样的世界，心中无尘便是最好的良辰美景，正好饮尽杯中十分美酒，差一滴都是遗憾。

为什么能心中"无尘"呢？只是因为看透了世俗的名利都是虚浮的，不值得为那些名利劳心伤神。苏轼从眉山到凤翔再到京城，然后到现在去往杭州，这一路经过大起大落，他早已看穿了人世间名利纷扰的乱局，不为"浮名浮利"所累是他新的人生理想。

想到自己也曾经为了那些虚名浮利消耗了半生心力，苏轼不禁感叹时间如白驹过隙般流失，年华在电光石火中飞奔，到如今一生像是一场梦，自己都不知道怎么懵懵懂懂走到了今天。

《庄子·知北游》写道："人生天地之间，若白驹之过隙，忽然而已。"此中"白驹"指的是太阳的影子，人生短暂就如同日影移过墙壁缝隙。

唐朝诗人白居易也说："蜗牛角上争何事，石火光中寄此身。"不同的诗人不约而同地用凿石闪现的火光来比喻年华的飞速流逝。

《关尹子·四符》中也用"知此身如梦中身"这样的句子来点醒世上愚痴之人。苏轼连用三个典故发出对人生深沉的叹息。在这样迷人的月色里，喝着酒细数浮生几十年，除了大梦一场似乎什么都没留下，当年的壮志凌云也无影无踪，除了感慨人生短暂，还能做什么呢？

虽然他写得出锦绣文章，但会有人欣赏这样的才华吗？难成大志，不是自己无能，而是仕途云诡波谲追名逐利，真才实学无人能识，找不到实现理想之门。既然现实如此，那就无忧无虑天真快乐地生活吧。

晋代刘伶在《酒德颂》里用"其乐陶陶"表现不谙世事的真乐所在，苏轼突然觉得刘伶所说的那种境界可能才是自己真正的理想。

现在的苏轼心境已是隐士，可惜他还不能真正做个隐士。在红尘的束缚里遥想那个隐士的世界分外美丽，如果真有那么一天，苏轼定要做个最闲散之人，"对一张琴，一壶酒，一溪云"，这就是对闲散生活最好的憧憬。每天就弹弹琴，喝喝酒，或者干脆什么都不做，就对着溪水里云朵的倒影发呆。

苏轼为自己设想了一种近似神仙的生活状态，古琴象征着高雅的人格，酒代表着飘逸的豪情，最为精妙的就是那"一溪云"，"云"和"水"动静结合悠然自得，不正是对苏轼理想中的隐士生活最好的注解吗？

行香子，词牌名，调名本意即以小曲的形式歌咏拜佛仪式中的绕行上香。唐代张籍曾经在《送令狐尚书赴东都留守》中写道："行香暂出天桥上，巡礼常过禁殿中"，描写的就是行香场面。

"行香子"调以四字句和三字句为主，间以两个上三下四之七字句法，每段前半部分和缓，结尾部分由一个领字领三个三字句，这三个三字句结构相同、意义连贯、流畅奔放，具有语意回环之艺术效果，使"行香子"此调特色显著，常用于咏物、写景、言情、酬赠，以及感悟人生哲理等。

"行香子"此调最早见于宋代的《乐府雅词拾遗》收录的《行香子·天与秋光》，词中以"砧声捣，蛩声细，漏声长"来表达秋夜的孤寂，是一首典型的闺怨词。因为"行香子"这种独特的表达方式表达情感更加细腻，所以宋代词人大多都填过《行香子》。

晏几道在《行香子·晚绿寒红》中用"消魂处，明月夜，锦屏空"来感叹暮年孤单寂寞。

李清照在《行香子·草际鸣蛩》中用"浮槎来，浮槎去，不相逢"来悲哀和丈夫的聚少离多。

辛弃疾也曾经在《行香子·三山作》中用"霎时阴，霎时雨，霎时晴"来抒发对朝政动荡的愤懑之情。

可以这样说，不管作者是怀着什么样的情绪填《行香子》，读来都是意象优美，音节响亮，让人回味无穷。

细数宋代所有《行香子》，真正能让人想起在佛前绕行上香的当属苏轼这首《行香子·述怀》。

佛经云"五蕴皆空"，红尘诸事皆空空如也。苏轼这首词极贴近佛理，他在上阕回首人生，用"隙中驹，石中火，梦中身"说尽所感受到的人世虚无，而在下阕用"一张琴，一壶酒，一溪云"营造无欲无求的人生境界，这样的理想并不是他一时意气用事想消极避世，而是经过冷静地思索人生才获得的难得的解脱。

万物在宇宙中都是短暂的，任何关于功名利禄的追求都是徒然劳神费力的。这一次理想的迁移让苏轼获得了平静，这种平静的力量让他以后无论面对何种境遇都能豁达从容，可以这样说：一瞬间关于理想的思考决定了一生的命运。

第二卷

人生如逆旅，我亦是行人

第 9 章　凤凰山下雨初晴

　　杭州在宋朝时便已经是人间天堂，这里不仅有美丽的山水，更有人来人往的热闹集市；不仅有灯红酒绿的声色犬马，更有余音袅袅的丝竹管弦。在苏轼眼里杭州是最适合他归隐的地方，他的心可以在繁华与清雅交错的缝隙间得到暂时的安宁。

　　刚到杭州的苏轼就写下这样的诗句："未成小隐聊中隐，可得长闲胜暂闲。我本无家更安往，故乡无此好湖山。"做不到隐居山林，就让我在杭州做个闲官；既然我回不了故乡，就将这里的湖光山色当作心安之所吧。因为心里宁静，他一生中最快活的日子大多是在杭州度过的，而他风格轻快的诗词也大多和杭州西湖有关。

　　迄今为止，公认写杭州西湖最好的诗，就是苏轼写的《饮湖上初晴后雨二首》其中之一："水光潋滟晴方好，山色空蒙雨亦奇。欲把西湖比西子，淡妆浓抹总相宜。"在这首诗里，苏轼把西湖比作古代美女西施，清晨在家不施脂粉也好，着盛装浓妆艳抹也罢；晴天也好，阴天也罢，看上去都是那么美丽。当诗情和美景相得益彰，也便有了"情人眼里出西施"的效果。

苏轼任职的杭州府衙位于紧靠西湖南岸的凤凰山麓，推开窗就可以俯瞰整个西湖，他可以一边欣赏美景，一边处理公务，枯燥的上班生活硬是被他寻出几分诗意来。他在西湖的闲暇时光也尽量逃向大自然，不但游遍杭州城和西湖，城附近十里到十五里之内都曾经留下苏轼的脚印，而他最喜欢的活动就是约上志同道合的朋友一起游湖，如果这个朋友恰好也通诗词，即为人生一大乐事。

和苏轼经常一起游西湖的是著名词人张先，他已八十多岁，"以歌词闻于天下"，他写下的"天不老，情难绝。心似双丝网，中有千千结"至今仍被广为传诵。张先与柳永齐名，可谓词中高手，苏轼在杭州遇到他必然会受其影响。刘毓盘在所著《词史》中记载："（张先）以歌词闻于天下，而协之以雅。苏轼犹及与之游，故亦好写词。"这大概就是对苏轼与张先交往的最好注解。

张先为人豪爽风流，苏轼虽比他小几十岁却也没觉得两人有代沟，他们经常徜徉于西湖山水之间，诗词唱和。有一次他俩泛舟西湖，于美景中乐陶陶物我两忘，忽然一小舟翩翩而来，舟中一美妇说自己仰慕苏轼文才已久，愿以一首古筝曲换词一首。苏轼不好推托，邀张先一起填词，张先写的词已不可考，唯有苏轼写下的《江城子》记下了这段风雅之事，和西湖的诸多故事一起流传下来。

江城子

（湖上与张先同赋时闻弹筝）

凤凰山下雨初晴，水风清，晚霞明。一朵芙蕖，开过尚盈盈。何处飞来双白鹭？如有意，慕娉婷。

忽闻江上弄哀筝，苦含情，遣谁听？烟敛云收，依约是湘灵。欲待曲终寻问取，人不见，数峰青。

凤凰山下拥着一湾美丽的西湖水，此时刚刚下过小雨，微风徐徐拂来，西湖似被洗过一般清新，又近黄昏，绚丽的晚霞倒映在湖中，倒比在天空中更加显得清晰。

关于西湖美景，素来有"晴西湖不如雨西湖，雨西湖不如夜西湖"的说法。这句话把晴西湖、雨西湖和夜西湖融为一体，营造出西湖别具一格的美感，读到这句，虽未曾到过西湖也能描摹出西湖最美的样子。

在傍晚微雨初晴时分，一朵荷花独自在风中摇曳，纵使花季已过，仍然余香袅绕。不知道当时西湖中是否真有这么一朵独具风韵的荷花，还是在苏轼眼里，那位乘舟而来的弹筝美妇如荷花般美丽？

　　一对多情的白鹭不知道从什么地方飞来，被湖面上这朵特别的荷花吸引，在它周围飞舞徘徊，久久不肯离去。荷花和白鹭形成一动一静鲜明的对比，看上去就是一幅妙趣横生的图画。

　　这幅图画的背后，其实苏轼拿那朵荷花比拟弹筝的美妇，而他和张先就是那一对围着荷花飞舞的"白鹭"。《墨庄漫录》中有关于这首词中"弹筝人"的记载："三十余岁，风韵娴雅，绰有态度。"苏轼自比"白鹭"就是有意来烘托弹筝人的美貌，不仅非常俏皮富有情趣，而且从写景到写人也转得天衣无缝。

　　山水之间有花开放，有鸟飞舞，令人沉醉忘了今夕何夕，忽然远远的一阵哀伤的筝曲传来打破了美好的宁静，曲调里满是悲苦的感情。如此良辰美景，究竟是谁在用筝曲诉说凄凉哀婉的心事呢？

　　犹如狂欢时分感到的孤独最让人心碎，至美时分的哀伤才最深入骨髓，如此宁静美好的画面突然奏响哀怨的筝曲，所有的美丽成了弹筝人心事的衬托。

　　此时水面上烟波已经散去，极目四望却不见弹筝人，难道是湘水女神一样的仙子在弹筝？

　　在《楚辞·远游》中有记载："使湘灵鼓瑟兮，令海若舞冯夷。""湘灵"相传是舜帝的妃子，在湘水中溺水而死，成了湘夫人、湘水女神。

苏轼并不是真的瞧不见面前的弹筝人，只是不知道她为何在这般美景中会如此哀怨，萍水相逢的两人之间犹如隔着缥缈云雾捉摸不透。他猜测是不是这个人有着湘水女神一样的哀愁。神秘感让这样的相遇生出无限的遐想空间，也更具无穷美感。

想要等到这首曲子弹完再去问问弹筝人的心事，但是弹完之后人已远去，只留下远山青峰倒映在湖面中。

中国国画中常用留白的手法来渲染美的意境，诗词中也常用留白来予人以无限想象空间，增加美的层次感。

艺术大师往往都是留白的大师，方寸之地亦显天地之宽。苏轼写下的"人不见，数峰青"化用了钱起的诗作《湘灵鼓瑟》中"曲终人不见，江山数峰青"的名句，不仅将"此处无声胜有声"的留白艺术运用得收放自如，更是回归到第一句的远景当中，以凤凰山开头，以青峰收尾，词虽尽，意无穷。

这首《江城子》，虽然写的是弹筝女，但是从头到尾她都不曾露面，虽未见人但是她的音乐弥漫在整个空间里，并且极富有层次。

第一层"哀筝"，是乐曲的主旋律。

第二层"苦寒情"，是乐曲传达的感情。

第三层"遣谁听"，是听者的感受。

第四层"烟敛云收"，乐曲让大自然也为之感动，因而烟霭为之敛容，云彩为之收色。

最后再形容一句，这音乐就像湘水女神在倾诉自己的哀怨，一步一步将乐曲的哀伤推到最高峰，让人沉醉其中无法自拔，当时的场景在背景音乐的伴奏下活灵活现。

唐代诗人也写音乐，写音乐比较好的是白居易的《琵琶行》，很巧合的是这首诗也是诗人偶遇舟中美妇弹乐，不同的是诗中美人用的是琵琶。

白居易这首长诗用大量的篇幅形容了琵琶的乐声，如"大弦嘈嘈如急雨，小弦切切如私语。嘈嘈切切错杂弹，大珠小珠落玉盘"，还有"银瓶乍破水浆迸，铁骑突出刀枪鸣。曲终收拨当心画，四弦一声如裂帛"。

诗人若不是精通音律，不会将形容琵琶乐声的诗句打磨得如此细腻精准，可以这样说，白居易弹奏的这曲"琵琶曲"可以算是前无古人。而后世的苏轼弹奏的"哀筝曲"和他比起来，因为富有层次感，更多出几分神秘空灵，更加给人以无限想象空间。

白居易是懂音乐的，他更懂艺术，所以在《琵琶行》中他也运用了留白的手法。他在诗中写道："别有幽愁暗恨生，此时无声胜有声"，直接用这句话让读者自己去想象那个无声的画面。苏轼运用留白的艺术似乎更高一筹，他这首《江城子》通篇不写其人，却字字句句都能找见人影，写词的手法才真正是高明的"无声胜有声"。

这就是词的魅力，它打破唐诗的规律，以自由的形式把情感直接抓取出来成为画面；又因为与音律贴合得更加密切，所以也更婉转一些。

唐诗和宋词这两种文学形式不分高下，唐诗因为讲究对仗而琅琅上口，宋词却因为与音律的贴合而更活泼自由；如果说唐诗是一颗细细打磨的珍珠能为你平添姿色，那宋词就是一股清风可以陪伴你所有的喜怒哀乐。

苏轼注定是那个将宋词带入文学巅峰的人。在即兴填词的偶然时刻，他将所有的艺术手法表现得淋漓尽致，让这首《江城子》既有音律的层次感，又赋予美术的留白艺术，更将典故和名句信手拈来运用得潇洒自如，千百年过去了仍然余音袅袅，那一首筝曲似乎还回荡在西湖的山水间……

第 10 章　芳心千重似束

生命如茶，在被时光冲泡的过程中总会有起起落落，理想和现实之间总是存在巨大的落差，每个人都逃不开这种落差的锤炼，即便是才子苏轼也难以幸免。

苏轼在杭州任通判期间，常常外出巡视，时而协助防涝，时而协助抗旱，时而帮助赈济灾民，得以更真实地接触到普罗大众的生活，因为更深地了解了民众的疾苦，从而更深地同情他们的不幸。

他曾经提笔写下了这样的诗句："今年粳稻熟苦迟，庶见霜风来几时。霜风来时雨如泻，把头生菌镰生衣。眼枯泪尽雨不尽，忍见黄穗卧青泥！"对于百姓的苦难，苏轼无法视而不见，但是他又无能为力，虽然仍兢兢业业履行着通判的职责，心中却压抑着怀才不遇的愤懑不满之情。

更让苏轼不满的是还要经常应酬官场中的酒席宴会，捧着美酒说些言不由衷的话，倒不如对着青山绿水来得更轻松，但他身在其位又不得不参加这样的应酬。

宴会中唯一让苏轼觉得有些兴趣的事便是听官妓弹唱。当时的官妓大多有一定的文学艺术修养，或擅长琴棋书画，或专攻诗词歌赋，其中不乏出类拔萃之人，在内心深处苏轼觉得这些懂音律通诗文的女子比那些官场中人更值得交往。

有一次西湖宴会，同僚们邀请"杭州四绝"之一名叫秀兰的官妓作陪，秀兰因为家中临时有事姗姗来迟，引得府僚们发怒。为了帮秀兰解围，苏轼情急之下填了一曲新词《贺新郎·夏景》让秀兰弹唱算作赔罪。

因为曲调新颖，词句绮丽动人，这首词很快传遍杭州城，又由杭州城传到苏、扬诸郡，文人们争相传抄，坊间争相传唱，一时成为天下美谈。

贺新郎·夏景

乳燕飞华屋，悄无人、桐阴转午，晚凉新浴。手弄生绡白团扇，扇手一时似玉。渐困倦、孤眠清熟。帘外谁来推绣户？枉教人梦断瑶台曲。却又是，风敲竹。

石榴半吐红巾蹙，待浮花、浪蕊都尽，伴君幽独。秾艳一枝细看取，芳心千重似束。又恐被、秋风惊绿。若待得君来向此，花前对酒不忍触。共粉泪，两簌簌。

初夏的中午，初长成的小燕子飞落在雕梁画栋的华美屋宇间，四下里静悄悄的没有人，午后的太阳将梧桐树的影子转换了方向。

梧桐深院深几许，华丽和幽静交织在桐荫深处，一位刚刚出浴的美人正袅袅婷婷地走出华丽精美的屋子。

美人手里把玩着一把白绡团扇，恰好和美人洁白无瑕的手指融为一体，远远看去如一块美玉。

白扇如玉，更如美人的遭遇。

汉代班婕妤美丽聪慧，却遭赵飞燕陷害失宠退居长信宫，曾作《团扇歌》，诗中用"常恐秋节至，凉飚夺炎热。弃捐箧笥中，恩情中道绝"这样的句子，借扇子的命运来比拟自己的失宠。

从此之后，古代诗人的笔下，白团扇便常常被作为红颜薄命的象征。

苏轼在这首词的开端已经渲染出"悄无人"的幽静，此时再用一"弄"字更是透露出这个美人内心无可奈何的寂寥，其实失意的人又何止弄扇美人呢？

人有着"妾身似秋扇"的哀怨，写美人的苏轼又何尝没有怀才不遇的悲叹呢？

百无聊赖中，美人渐渐生出困意，倚在床边独自睡去。无人怜惜，无人陪伴，只能靠睡梦来挨过时日，美人的寂寥跃然纸上。辗转奔波，始终未得赏识的苏轼感觉自己也如沉睡一般，以往的理想和抱负都埋藏在梦里了。

睡梦中似乎有人掀开珠帘在敲打窗棂，美人从梦中醒来兴奋地推开窗户，却原来是风吹着竹叶发出沙沙的声音，等待她的仍是无穷无尽的寂寞。

唐代李益曾经在《竹窗闻风寄苗发司空曙》中写道："开门复动竹，疑是故人来。"苏轼化用他诗中清幽的意境，将美人从希望的憧憬拽入失望的无奈中。

如果真的死心，就让自己沉浸在睡梦中也还好，在梦中还能构建自己的伊甸园，偏偏心中还有那么一点希望，每每燃起又瞬间破灭倒叫人更显得空虚惆怅。词中美女如是，词外的苏轼也一直在希望和失望的缝隙中挣扎。

醒来的美人来到院中石榴树下赏花，此时石榴花刚刚开放，红色的花瓣和有着皱褶的丝巾一样，而院中其余的花都花事已了，只有石榴花陪伴着美人幽居的时光。

白居易写的《题孤山寺山石榴花示诸僧众》中有"山榴花似结红巾"这样的句子，写出了石榴花开时的风韵。在苏轼看来，石榴花独开于这个时节是有意独立于群芳之外，他不仅看破石榴花的清高，更是体悟出美人幽居的心事。

"等到风景都看透，也许你会陪我看细水长流"，美人幽居只是因为她不屑于争宠，高贵的内心深处仍有一种独善其身的坚持。

细看花丛中一枝开得最艳丽的石榴花，它的花瓣层层覆盖重叠，聚在一起恰似美人芳心紧束，外面花色明艳动人，内里却愁心难展，不管哪个方向吹来的风都难以吹开她的心事重重。

这么美艳的满树花朵，若是吹来一阵秋风，怕只会剩下满树绿叶，再也无处寻觅芳踪。大自然的季节流转不会为哪朵花儿的美艳停留，时光更不会因为哪个美人的艳色而略微放慢脚步。花开百日终有落下枝头的那一刻，美人也总有老去的那一天，那时人间的悲哀却又无可奈何。苏轼用"又恐被"这三字，来担心石榴花会被秋风吹落，同时也担心美人迟暮，更是担忧自己的万丈豪情终被岁月蹉跎。

也许有一天美人的郎君突然回心转意，再度拥着她在石榴花前喝酒。美人怕是再不敢看这石榴花一眼，更别谈去触碰它了，只因在石榴花前曾经有过那么悲凉的心事，看着花儿簌簌落下，美人泪也会情不自禁纷纷落下。

美人落泪是因为和满树繁花两相怜惜，苏轼心疼美人是遗憾错过的那些好时光，更是哀叹自己蹉跎的年岁。世间人都明白"有花堪折直须折"，为什么偏偏还有那么多人非要等到"无花空折枝"的那天才懂得珍惜呢？

苏轼这首《贺新郎·夏景》，上阕以环境来烘托美人的心情，用象征和暗示的手法写尽美人的寂寥；下阕以秾艳石榴花作为美人的写照，从明艳的外表写到清高的内心，托喻美人坚贞不渝的芳心，到最后花与人已经融为一体，哀婉缠绵，寻味不尽，不仅将娇花美人失时、失宠的黯然神伤写得淋漓尽致，更是借写花写美人寄托词人怀才不遇的苦闷心情。

自从屈原用"美人香草"寄托君国之思，这种借佳人自比的象征手法便为后世诗人习用。唐代杜甫曾在所写《佳人》一诗中，以"天寒翠袖薄，日暮倚修竹"之佳人自喻，抒发对自己命运的感慨。

苏轼很多诗词作品中都写到佳人，除了这首《贺新郎·夏景》之外，在他的《鹧鸪天·佳人》中这样写佳人："酥胸斜抱天边月，玉手轻弹水面冰。"还有《三部乐·美人如月》中这样写道："美人如月，乍见掩暮云，更增妍绝。"《菩萨蛮》中的佳人形象是这个样子的："娟娟侵鬓妆痕浅，双鬟相媚弯如蒍。"

和杜甫诗中佳人大多清贫憔悴的形象不同，苏轼笔下的佳人大多是雍容华贵、娴雅端庄的贵妇人，这是因为他们二人的审美情趣不同，也是因为二人身世经历不同，更是因为同样面对怀才不遇的苦闷，心态也各不相同。

文人因为比普通人站得更高看得更远，也便更容易生出怀才不遇蹉跎岁月之感，又因性格不同表达方式也不尽相同。

唐朝陈子昂登幽州台发出"前不见古人，后不见来者。

念天地之悠悠，独怆然而涕下"的悲鸣，叹自己生不逢时；同样是唐朝，李商隐说"宣室求贤访逐臣，贾生才调更无伦。可怜夜半虚前席，不问苍生问鬼神"，借贾谊的遭遇来抒发自己怀才不遇的感慨；李白说"长风破浪会有时，直挂云帆济沧海"，虽然叹世道不公，但是仍然选择保留一份自信和倔强的精神力量来期待明天。

苏轼心态乐观平静，性格更为豁达。他借哀叹美人命运来抒发怀才不遇的苦闷，人世间至美之物遭遇不公正的对待，通篇诗文便极具婉约的美感。

而他选用的词牌名也独具匠心，"贺新郎"词牌初看喜庆，但实则用喜音发悲凉之意，又名"金缕曲""乳燕飞""貂裘换酒""金缕词""金缕歌""风敲竹""贺新凉"等，传作以《东坡乐府》所收为最早。苏轼这种含蓄曲折的表达失意之感的手法在词史上富有独创性，所以胡仔在《苕溪渔隐丛话》中这样评价苏轼这首《贺新郎·夏景》："东坡此词，冠绝古今，托意高远，宁为一娼而发耶！"

第 11 章　惟有一江明月碧琉璃

　　人生一世是来去匆匆的旅途，有生之年每个人都一直在演绎着聚散离合，因缘分而聚的繁盛筵席终有缘尽人散的一天。

　　当离别来临时，每个人都会有不同的感慨。李白在黄鹤楼送别孟浩然，感慨的是天地的壮阔和人的渺小，"孤帆远影碧空尽，惟见长江天际流"；王勃送杜少府去往蜀州，豁达地安慰朋友："海内存知己，天涯若比邻"；孟浩然送别王维时感慨知音难觅，"当路谁相假，知音世所稀"。似乎诗人面对与朋友的离别时特别敏感，每个诗人都曾留下过送别的诗篇，要论离别诗词古今之翘楚，当中少不了苏轼的。

　　苏轼生性喜欢热闹害怕冷清，所以他交游广泛，朋友圈好友有上千人之多。他自己曾不无得意地说过："吾上可以陪玉皇大帝，下可以陪卑田院乞儿，眼前见天下无一个不好人。"

　　纵观苏轼作品，其中大量"赠某某""寄某某"的诗词，比如《赠刘景文》《八声甘州·寄参廖子》《阳光曲·赠张继愿》等。爱交友的他自然比别人要更多面对朋友的别离，他一次又一次地站在分离的路口，哽在胸口的离愁别绪便无数次凝结成笔尖的诗意。

宋神宗熙宁七年（1074），杭州知州陈襄任职期满被调往陈州，行前他在杭州城中吴山上的有美堂宴客，苏轼也在席间。

陈襄字述古，因批评王安石和写文章"论青苗法不便"被贬出京城知杭州，苏轼也是因同样的原因离开朝廷，这两人都属于"政虽无术，心则在民"之人。在共事的两年中，他们一起组织治蝗虫、赈济灾民、浚治钱塘六井，尽自己有限的能力做了不少有益于百姓的事情。

苏轼和陈襄有着同样的处境和同样的志向，又一起共享东南第一州的美景，共享佳人美酒和诗词，在苦与乐中酿就了彼此的深情。如今陈襄即将远赴河南，想起昔日朝朝暮暮中留下了许多故事，苏轼心中难以平静，所有的不舍和珍惜借着酒意喷薄而出，在湖光山色里送别的情绪有了别样的诗情。

虞美人·有美堂赠述古

湖山信是东南美，一望弥千里。使君能得几回来？便使樽前醉倒更徘徊。

沙河塘里灯初上，水调谁家唱？夜阑风静欲归时，惟有一江明月碧琉璃。

中华东南大地上，杭州的湖光山色最为壮美，一眼望去，绵延的青山和浩渺的湖水似在千里之外水天相接。

当年的西湖和我们现在所见的西湖并不相同，它连接钱塘江，到江水汛期，可以突然改变平时温柔的面容吞噬周围的一切。而在西湖的东南边就有一座吴山，山势依傍着湖水，缠绵数十里看不到尽头。

吴山之上有座有美堂，是嘉祐元年（1056）的杭州知州梅挚主持修建的。当年梅挚来杭州做官时，宋仁宗曾赐诗一首，有"地有吴山美，东南第一州"之句，梅挚便将新建的堂起名"有美堂"。

西湖和吴山的灵气滋养着有美堂，这里便成为文人墨客和名士帝王喜欢造访的宝地，流传下来的雅事更是不胜枚举。

苏轼恩师欧阳修曾经为此堂写下《有美堂记》，文章中盛赞此地风景之美："独所谓有美堂者，山水登临之美，人物邑居之繁，一寓目而尽得之。盖钱塘兼有天下之美，而斯堂者，又尽得钱塘之美焉。"

站在这钟灵毓秀的高堂之上，苏轼和陈襄一起指点江山。当西湖美景尽收眼底，两年来的惺惺相惜也一点一点被忆起，苏轼忍不住开口问陈襄："今日我们在有美堂前一别，不知道什么时候您能够再回来和我一起共赏美景呢？"

　　陈襄默然无语，他心头的惆怅苏轼也感同身受，忍住心头的不舍他又劝慰道："算了，忘了分离的苦吧，今天就让我们和这里的湖光山色共醉一回吧。"

　　送别总是带着一抹哀愁，而此时的苏轼却另有一番豪情在心头，在一次又一次的离别中他早已看清缘聚缘散半点不由人，与其说那些惜别的话语徒增伤感，不如在美景中好好醉一回，他既是在劝慰友人也是在劝自己：把留恋藏在心底，醉里留下最美好的记忆。

　　词的上阕苏轼从远处着想大处落墨，渐渐拉近，气派不凡，面对江山胜景，苏轼和友人久久徘徊留恋不忍离去。

　　直到明月当空，他又将目光投向湖面。"沙河塘里灯初上，水调谁家唱？"夜幕下往南望去，沙河塘的夜市才刚刚开始，一盏盏灯次第亮了起来，水榭楼阁里传来优美的《水调》曲的歌声，不知道哪家的姑娘竟能将此调唱得如此动听？

　　当年隋炀帝开凿运河时曾令制《水调》，取材于河工之劳歌而声韵悲戚，传至唐代，唐玄宗听后凄然涕下。

　　后来《水调》曲因缠绵悱恻而常常作为一种悲歌渲染离愁别绪，杜牧在他的《扬州》中曾写道："谁家唱《水调》，明月满扬州。"贺铸也曾在他的《罗敷歌·采桑子》中写道："谁家《水调》声声怨？黄叶西风。"

　　然而此时苏轼并不是想用《水调》来渲染离别的哀怨气

氛，他是用"华灯初上的市场有人歌唱"侧面来烘托陈襄的为官政绩。这让人眷念的欣欣向荣景象正是陈大人为杭州人民营造的，也是在安慰朋友：就算你走了，杭州百姓也会记住是谁为他们谋福的。

天下无不散之宴席，等到夜深了风住了，这一场离别宴也该散了，那时候人去堂空，应该只剩下一湖清水倒映着天上明月，月色下平静的湖水好像碧绿色的玻璃。

前一句写夜市的热闹，后一句写宴席后的恬静，两句鲜明的对比让西湖的美立体起来，同时也对朋友寄予无限真心：我和使君的交往不只是相处时志同道合，即使分别后天各一方，我们的友谊也定会如皓月当空般照进彼此的心里。

词的下阕一反上阕的豪爽气象，尽显词人婉约细腻的心思，时时处处照顾离人的情绪，既当下安慰朋友，又怕宴席散后离人伤感，苏轼对朋友的心思真算得上是一片明月冰心。

"虞美人"这个词牌名，相传与美人虞姬有关。楚汉相争之时，西楚霸王兵败乌江，听四面楚歌，知道自己很难突出重围，劝自己宠爱的虞姬另寻生路。虞姬执意相随，最后拔剑自刎，香消玉殒之后她血染之地长出一种鲜红颜色的花，后人把此花称作"虞美人"。

后世钦佩美人虞姬节烈可嘉，创建词曲就常以"虞美人"三字作为曲名一诉衷肠，逐渐演化为词牌名。可能是因为背后有着哀婉动人的故事，"虞美人"此调总是深情中透出慷慨。

南唐后主李煜曾填词《虞美人·春花秋月何时了》："春花秋月何时了？往事知多少。小楼昨夜又东风，故国不堪回首月明中。雕栏玉砌应犹在，只是朱颜改。问君能有几多愁？恰似一江春水向东流。"

李煜在自己生日那天填此新词，命歌姬唱之，在词中通过今昔交错对比抒发自己作为亡国之君的哀愁。乐声传到寓所之外，宋太宗听完后勃然大怒，命人赐药酒毒死了李煜。一代君王因填词而死。从虞姬到李煜，后世评价"虞美人"为"最凄美词牌名"也算是实至名归。

苏轼这首《虞美人·有美堂赠述古》虽是惜别，但并不见伤感，词中有追忆往昔之豪迈，看今朝欢聚之畅快，遥想未来之坦然平静，读来意韵十足。他用"虞美人"词牌填词并不是想借用曲调的凄美，而是借虞姬的故事向朋友表露真心，既相识相知便会不离不弃。

送别陈襄，苏轼还写下了《江城子·孤山竹阁送述古》。

江城子·孤山竹阁送述古

翠娥羞黛怯人看。掩霜纨，泪偷弹。且尽一尊，收泪唱《阳关》。漫道帝城天祥远，天易见，见君难。

画堂新构近孤山。曲阑干，为谁安。飞絮落花，春色属明年。欲棹小舟寻旧事，无处问，水连天。

在这首词中，苏轼别出心裁地用歌女的感伤来烘托自己的惜别之情，又用对时节风物的描写来寄托自己对景伤怀，曲折流露出与友人离别时黯然神伤的情态，比起《虞美人·有美堂赠述古》来多了一些沉重，似乎随着分别时刻愈来愈近，笼罩在心头的哀伤也越来越重。

同样是送别陈襄，苏轼在另一首《菩萨蛮·西湖送述古》中又显出多愁善感的一面。

菩萨蛮·西湖送述古

秋风湖上萧萧雨，使君欲去还留住。今日漫留君，明朝愁杀人。

佳人千点泪，洒向长河水。不用敛双蛾，路人啼更多。

词中借用比兴和反写的手法表达心中对朋友的最后留恋，伴着朋友渐渐远走，泪水也将归入思念的长河中。比起《虞美人·有美堂赠述古》和《江城子·孤山竹阁送述古》这两首词来，这首词更加婉约惆怅，离别的悲伤似乎在心里憋了许久，在最后一刻才宣泄出来。

　　在同样的地点送别同一个人，苏轼分别用三种词牌填词写出不同的味道，在这位功力深厚的语言大师笔下，离别的情绪不是一蹴而就，而是随着时间的推移层层递进，如此高超的写作技巧可以算得上是前无古人后无来者。

　　"离别"的旋律贯穿了苏轼的一生，从少小离家到长大后四处漂泊，从与至爱亲人分离到无数次与朋友惜别，各种滋味都尝遍，自然比一般人更能懂得情深缘浅。说他的离别诗词为古今之翘楚，并不只是指数量多，而是因为他写离别曲折婉转，更有一种动人心魄的力量。

第 12 章　相逢一醉是前缘

同样有趣的灵魂会相互吸引，古代文人会因为同样的文学追求聚在一起，或烹泉煮茗，或吟诗作对，或高谈阔论，或抚筝弄琴。这样的聚会有雅人有雅事更有雅兴，被称为"雅集"。

历史上有名的雅集包括：西汉时期由梁孝王刘武发起的梁苑之游，三国时期由曹丕和曹植共同发起的邺下之游，西晋时期由石崇发起的金谷园雅集，东晋时期由王羲之发起的兰亭雅集，唐朝由王勃发起的滕王阁雅集，以及由白居易发起的香山九老会。这些历史上著名的雅集，随便翻开一页都令人神往。

苏轼作为宋代卓越词人，参加过的文人雅集无数，其中最有名的有两次，一次是由驸马都尉王诜发起的西园雅集，一次就是他自发组织起来的湖州"六客之会"。

苏轼送走陈襄，又迎来新的杭州知州杨绘。杨绘字元素，四川绵竹人，他是进士出身，曾经受朝廷重用，官至翰林学士、御史中丞，因为反对王安石变法被罢免为侍读学士，被派往杭州任知州。苏轼和他同为四川人，遭遇也相似，一同治理杭州颇为志同道合，相处短短时日便惺惺相惜视彼此为密友。

谁知两个月后，杨元素和苏轼同时接到调令，杨元素奉旨调回京城重入翰林院，而苏轼也接到了以太常博士直史馆权任密州知州的任命。短短相聚便要分离，心中自是难舍难分，两人同乘船离开杭州，一同顺道湖州看望朋友李常。

李常是南康建昌人，从小酷爱读书，曾在庐山白石僧舍抄书差点抄瞎了双眼，后经名医调治好了眼睛，在科举考试中荣登进士榜，将自己手抄的九千卷书妥善保管在老家，苏轼曾为他写过《李氏山房藏书记》。

李常曾在京中任秘阁校理，专门负责校勘整理宫中珍贵图书。杨元素和李常也算是旧相识，此时李常正在湖州任知州，苏轼便和杨元素欣然前往，同行的还有张先和陈舜俞。

张先原本就是湖州人，以"张三影"之名闻名北宋词坛，又是一位画坛高手，生性豪放不羁交游甚广，与京中各级官员素有往来，李常算是他的旧相识。另一位同行的陈舜俞，字令举，也是湖州人，为宋庆历六年（1046）进士，只是他朝中无人加上性情耿直，虽在熙宁年间以都官员外郎的身份做了山阴县令，却因不奉行青苗法被降职为南康军监酒税。

他们四人以舟载酒，一路高谈阔论往湖州而来。另外还有一位被贬官的湖州人刘述为会见苏轼专门从苏州赶来，他曾任侍御史，后来王安石实行新法，刘述攻击他，被贬为江洲知州，苏轼在杭州任通判期间曾与他在虎丘相会。

这六位皆为进士，其中苏轼、李常、杨绘三位都先后任过翰林学士，如今在湖州欢聚一堂自是欣喜万分。他们相聚于雪溪西岸湖州馆驿码头旁边的碧澜堂，饮酒畅叙。

在歌妓的弹唱中赋诗填词，张先作为座中年纪最长者首先作《定风波》记此次宴集，其他人挥毫唱和。苏轼作《定风波·送元素》，又写下《减字木兰花》赠李常。陈舜俞作《菩萨蛮》，苏轼和《菩萨蛮·席上和陈令举》。李常和其他人也同时写下不少诗词。

在湖州相聚三四天后意犹未尽，他们六人又一同坐船到与湖州毗邻的淞江，此时李常安排歌妓随船同行，将他们的词作以名曲改唱，更是令一行人情绪高亢兴奋。

夕阳西下，一行人舍舟登岸，在淞江岸边的垂虹亭上对月饮酒，在最浓烈的狂欢时分，苏轼心头突然泛起一抹惆怅，这群朋友中他最难舍的便是才子陈令举。

他和陈令举之间有一种说不清道不明的默契，仿佛两人上辈子便是好友，此次相遇不过是再续前缘。可惜造化弄人，短短的相聚又要各奔东西，再相见又不知何时何地，唯有用诗情来记下他们之间难得的缘分。

鹊桥仙·七夕送陈令举

缑山仙子，高情云渺，不学痴牛骏女。凤箫声断月明中，举手谢、时人欲去。

客槎曾犯，银河波浪，尚带天风海雨。相逢一醉是前缘，风雨散、飘然何处。

你看那缑山仙子王子乔，他的情怀像天边飞云一样高远飘逸，告别时分没有像被情爱所困的牛郎织女一样悲悲切切。

缑山，在现在河南偃师市，据西汉刘向《列仙传》记载：周灵王太子王子乔喜欢用笙吹出凤鸣声音，他于深山修炼三十余年，偶然遇见旧时朋友柏良，托他向家人传话，说他会在农历七月初七出现在缑山山巅。

到那一天他果然实现了诺言，乘着白鹤来到缑山与家人相见，相见一瞬然后飘然离去。此处的"痴牛骏女"化用唐朝卢仝的诗句"痴牛与骏女，不肯勤农桑。徒劳含淫思，且夕遥相望"中的典故，指的是被银河隔两岸的牛郎织女。

分离已成无法改变的现实，究竟该如何面对全凭自己内心的选择。神仙七夕这天相聚又分离，都难免生出不一样的情绪，更何况凡人呢？

王子乔从缑山离开之时他吹奏的音乐慢慢消失在月色中，

就好像他是乘鹤飞入了那轮明月，虽然我们分别时没有那样的仙乐飘飘，但是挥挥手也是一种很好的告别方式。

面对离别，不必纠结于该有什么样的情绪，不必想该如何告别，平静平淡应该是苏轼心里想到的告别最好的样子，只因在他的心里，他和友人都非凡人。

若不信的话你看此时淞江泛起和银河一样的波浪，还夹杂着天河上吹来的风雨。相传这条江上曾经渡过来往于海上和天河之间的木筏，此时淞江之上泛起的波浪和"客槎"卷起的波浪一样，难道我们也到了神话传说中的仙境不成？既入仙境你我便不是凡人了。

仙人少有，神仙般的人物相逢更是难上加难，大概是修了几辈子的缘分，才让我们这辈子能够相识相知。可是这样的缘分为何如此短暂，今天难得在淞江之上如仙人般共醉一场，明朝风停雨收，我们又将投入各不相同的凡间生活。

我也不知道以后自己会飘向哪里，不知道缘分能否再让我们重逢，也许我们此后便如两条平行线再无交集，但是所有相聚的美好时光都会铭刻于心温暖一生，既然如此，又何必再去细想我们之间的缘分究竟有多深呢？

苏轼在下阕提到的"前缘"实则暗指他们几个都是因为反对王安石变法才遭贬谪的，而"客槎曾犯，银河波浪"则是暗指他们都曾经雄心万丈为了信念坚持过抗争过，无奈"天风海雨"过盛不得不退避三舍。

不过神话故事中的"浮槎"每年都会定期往返于天河与大海，绝不会因为一时风急浪高而作罢。他巧用"浮槎"的典故不仅贴合六客泛舟淞江的场景，更是暗喻他们因共同的信念相聚，将来不管飘向何处，彼此仍会坚持心中的理想。

这次六人聚会毫无政治目的，纯粹是文人雅集，在苏轼的心中这样的聚会才算是最高规格的朋友聚会，而聚会之中的各位朋友在他心中都是超脱凡俗之人。

他后来写信给周开祖时还提起了这次湖州聚会："寻自杭至吴兴见公择（李常），而元素（杨绘）、子野（张先）、孝叔（刘述）、令举（陈舜俞）皆在湖，燕集甚盛，深以开祖不在坐为恨。"

这样的聚会不仅苏轼念念不忘，后世也视他们的相聚如同明月与高山对话，雅称"六客之会"，地方志、宋人笔记和东坡全集中均能看到记录。

其实苏轼在湖州的"六客之会"确切时间当是八月之后，苏轼在题目中提到"七夕"是因为"浮槎"的神话故事。据《博物志》记载，浮槎每年七八月间来到海滨，乘槎人要经过大约二十天到达银河，到达银河之后浮槎就会自动返回。

苏轼他们在淞江泛舟正好和神话故事的典故相吻合，不仅可以看出苏轼这首词的精妙之处，而且让人读来感觉超乎尘垢之上，有仙气缥缈于词人笔端。

农历七月七日也称为"七夕"，古代民间神话每年七夕牛郎和织女渡天河相会，向来写七夕的诗词不外乎描写民间乞巧或者借以表达男女离恨。

比如张先的《菩萨蛮·七夕》写道："双针竞引双丝缕，家家尽道迎牛女"，还有卢挚在《沉醉东风·七夕》中写道："蛛丝度绣针，龙麝焚金鼎"，表现的都是七夕这天民间乞巧的情景。

又如欧阳修在《渔家傲·七夕》中写道："新欢往恨知何限，天上佳期贪眷恋"，还有李清照在《行香子·七夕》中写道："星桥鹊驾，经年才见，想离情，别恨难穷"，感叹的都是男女离恨无穷。

唯有苏轼写七夕，写的是朋友之会，抒发的是超凡脱俗的旷达之情。他巧借七夕主题，虽然使用典故紧贴七夕，但是摆脱了儿女艳情的旧套路，格调超凡脱俗，飘逸旷达，写来别有新意。

陆游在《渭南文集》中盛赞此词："昔人作七夕诗，率不免有珠栊绮梳惜别之意，惟东坡此篇，居然是星汉上语，歌之曲终，觉天风海雨逼人。"

苏轼在《记游松江》一文中这样描写这次"六客之会"："吾昔自杭移高密，与杨元素同舟，而陈令举、张子野皆从余过李公择于湖，遂于刘孝叔俱至松江。夜半月出，置酒垂虹亭上。子野年八十五，以歌词闻于天下，作《定风波》令，其略云：'见说贤人聚吴分，试问，也应傍有老人星。'坐客欢甚，有醉倒者，此乐未尝忘也。"从文中可以读到，这次湖州"六客之会"并不是简单的文人雅集，它为苏轼到密州之后的文学观和哲学观的定型奠定了坚实的基础。

第 13 章 寂寞山城人老也

人生在世，不如意事十之八九，不如意或因事，或因人，又或是因为一句话、一座城。有人不如意时长吁短叹，有人不如意时抱怨他人，甚至有人因为一时不如意而了结生命。

而在诗人眼里，生活中的不如意更能激发诗情，杜甫不如意时登高悲秋："万里悲秋常作客，百年多病独登台"；贺铸不如意时顿生归意："人生事事不如意，终日念归何日归"；李白不如意时散发弄舟："人生在世不称意，明朝散发弄扁舟"。

诗人中最特别的当属苏轼，他能将不如意的生活撕开一条裂缝，让光照进来驱散最深的黑暗，从失望之地用诗情浇灌出希望之花，他当数最勇敢的诗人。

苏轼到达密州时，正值深秋季节，举目四望，秋风萧瑟，万物萧条。

如果说杭州是人间天堂，那密州就只能算作仅容栖身的落魄之所了。这里没有青山绿水，只有栽满枣树和桑树的小山坡，秋风一起，扬起漫天黄沙。

不仅如此，当时苏轼的官俸也减低了，既不能寄情于山水，又不能和朋友肆意欢谑，和在杭州的雅致生活比起来简直是天壤之别。

苏轼曾在《后杞菊赋》中写到在密州的生活："余仕宦十有九年，家日益贫，衣食之奉，殆不如昔者。及移守胶西，意且一饱，而斋厨索然，不堪其忧。日与通守刘君廷式，循古城废圃，求杞菊食之，扪腹而笑。"堂堂密州知州，竟要到荒郊野地采杞菊果腹，生活之艰辛可见一斑。

知州尚且如此艰难，更何况当地百姓？密州百姓不仅要承受土地干旱贫瘠带来的低收成，要忍受呼啸来去的匪患，更常有遮天蔽日的蝗虫来袭。苏轼上任之后忙忙碌碌处理各种事务，不知不觉一年的光阴在异乡密州悄然度过。

不知不觉中又一年的上元佳节又至，第一次品尝生活艰辛滋味的苏轼第一次感觉佳节难过，没有亲朋好友欢聚一堂，没有鼓乐美酒助兴，如何才能不虚度这个节日？唯有写诗填词，积压在心头的思绪在这个夜晚喷薄而出。

蝶恋花·密州上元

灯火钱塘三五夜，明月如霜，照见人如画。帐底吹笙香吐麝，更无一点尘随马。

寂寞山城人老也，击鼓吹箫，却入农桑社。火冷灯稀霜露下，昏昏雪意云垂野。

元宵夜这天遥想杭州古钱塘，此时应该灯火通明，这个时节的月亮依然如清霜一般柔和地洒着白光，灯火和月光交相辉映，那街上来来往往的人儿便如同走入画卷一般。

杭州这个城市以前也是水灾频繁，经过几年的整治如今已是欣欣向荣的繁华盛世之景，在元宵佳节更是人头攒动灯火不熄。时间和空间的距离拉长了思念，也给昔日的记忆镀上梦幻的光晕，那灯火、那人群、那月光，在回忆里都美得不可方物。

想起了高悬于空的一轮明月不正像此时此地的自己吗？虽然心头有着千般挂念，却也只是悄悄地望着那一城的欢乐，连光线都不敢太强烈，也不敢太有温度，生怕惊扰那一张张笑脸。

今晚杭州城里应该会有很多家在堂前挂起华美的帷帐，人们在帐里吹奏起美妙的笙曲，燃起的麝香随着音乐的节奏缭绕四周，倒像是笙曲吹动了麝香吐出芬芳沁人心脾。而欢乐的节日里街道也异常洁净，人们骑着马会客访友，来来去去之间竟然没有带起一丝尘土。

回忆是美好的，也是奇妙的。在苏轼的回忆里，杭州的上元夜到处都奏响美妙的音乐。礼乐治而天下平，热闹中一切井井有条，每个细节都透露出安居乐业的美好。

他的记忆也因为被时光拉长有了一丝奇幻，本来安静的熏香灵动起来，可以随着音乐口吐芬芳，而踏马而来本应高高扬起的尘土却突然安静了。一动一静的反差将人带入杭州的佳节之夜，不仅苏轼沉醉，读者也跟着沉浸其间。

词的上阕，苏轼就像一个沉浸在记忆中的老人，喃喃地说道："想当年，我在杭州度过的那些上元之夜是那般美好……"但是回忆再美好也终有面对现实的一刻，苏轼将目光从杭州城拉回来，看到的是真实的自己和真实的密州。

同样是元宵佳节，山城密州却是人迹寥落，城里城外萧索空旷，不说有杭州城里的灯火通明歌舞升平，就连本来可以拿来击打吹奏的普通乐器鼓和洞箫也不见了。

因为在这里，活着已经很艰难，鼓乐便成了奢侈品，只能在农家节日祭祀的场所上看到。在这样的环境中待久了，苏轼觉得自己已是老人一个了。

杭州的欢闹对比密州的萧瑟，就好像突然从云端跌落。

苏轼离开汴京到杭州本来想着能有一番作为，还希望皇上能看见自己的功绩召回京委以重任，然而壮年的努力换得的是继续调任的结果，并且是从繁华杭州调至贫瘠密州，不仅目之所及风景有了落差，他的期待和现实之间更是有了巨大落差。

苏轼本来已经麻木了，回忆却在上元夜苏醒。当记忆中的繁华照进现实，只剩一地幻灭的碎片，再怎么拼凑也不能将他带回过去。

此时的密州城内一片灯昏火暗，见不到元宵节高高悬挂的灯笼，更是听不到欢歌笑语，只有稀落的寒霜冰露降下来。暗淡浓密的乌云无精打采地垂向原野，天地间昏昏沉沉的，好像快要下雪了。

密州的"火冷灯稀霜露下"和杭州的"灯火钱塘三五夜，明月如霜"对比，一端是繁华，一端是萧瑟；一处是温和的月光如霜，一处是霜露真正的冰凉。还有人呢？难道是因为惧怕寒冷元宵佳节才不见人影吗？这样的想法只是自欺欺人罢了，愁云密布根本不是因为天气，而是因为不见天日的残酷生活现实。

无力改变现实，看不到前途的亮光，对于未来的路充满了惆怅，凝结在苏轼心头的愁云在这个元宵佳节和密州城外的乌云联结成一片，默默传递着很真实的苦闷心情。

词到这里戛然而止，思悠悠恨悠悠，烦恼寂寞无尽头。当所有人都跟随苏轼走入空虚寂寞冷的意境，他却一个人悄然而出，在词的最后描摹出一丝亮光。"雪意云垂野"，大雪将至，都说"瑞雪兆丰年"，但愿密州的百姓明年能迎来一个风调雨顺的好年景。

这首《蝶恋花·密州上元》，以白描手法勾画出杭州、密州两地不同的元宵上元夜，宛如两幅相互对照映衬的节令风俗画，以杭州的花团锦簇反衬密州的寂寞萧瑟，不墨守成规。笔随意转挥洒心情酣畅淋漓，却又于裂缝处透进一丝光亮，给困境中的人以希望，境界在心境流转中得到真正的升华。

正月十五的元宵节又被称为上元节、元夕、元夜、灯节等，这一天是新年第一个月圆之日，从秦朝开始便有了在这一天祭祀天神的传统，因为祈愿天官赐福，"无量火焰，照耀无极"，所以这天不论贵贱家家都燃灯祈福，所以又称灯节。

对于上元之夜寄予美好愿望的不仅是普通百姓，各朝各代的诗人更是特别钟情这个月圆之夜，在诗词里描摹出上元夜的千姿百态。

从隋炀帝的《元夕于通衢建灯夜升南楼》中可以感受到上元夜的意义非凡："法轮天上转，梵声天上来。灯树千光照，花焰七枝开。"从唐代张祜写的《正月十五夜灯》这首诗里可以看到上元夜万人空巷的热闹喧腾："千门开锁万灯明，正月中旬动帝京。三百内人连袖舞，一时天上著词声。"从欧阳修的《生查子·元夕》中可以读到上元夜这天青年男女的雀跃："月上柳梢头，人约黄昏后。"从辛弃疾的《青玉案·元夕》中可以感受到上元夜的歌舞升平："凤箫声动，玉壶光转，一夜鱼龙舞。"一千个人心中有一千种上元节场景，但无一例外都富有诗意的妩媚。

苏轼的先祖苏味道的《正月十五夜》也是一首写得极好的五言律诗："火树银花合，星桥铁索开。暗尘随马去，明月逐人来。游伎皆秾李，行歌尽落梅。金吾不禁夜，玉漏莫相催。"

苏味道在诗里描写了唐朝武则天当政时期上元夜洛阳观灯的景象，写了这夜解除宵禁人流如潮的夜游之乐。全诗音调和谐辞藻华丽，犹如一幅唐朝元宵节的风情画，让人百看不厌，不过细读的话能读出这首诗里隐含一抹淡淡的忧伤。

"金吾不禁夜，玉漏莫相催"，苏味道的忧伤是因繁华即将落幕而起，是因贪念繁华之心而起。这种华丽的忧伤并不沉重，反而在繁华的背景中有种别样的浪漫。

苏味道的忧伤流传到后世，在后辈苏轼身上便沉淀为真正的悲凉落寞。他比先祖更多情，一直更深地感受着繁华的幻灭，但同时他也比先祖更勇敢，没有让自己在落寞萧瑟之间沉沦，而是在最绝望之处撕开一条裂缝让光照进来，他的人生也因为这点光比先祖更绚烂。

第 14 章　老夫聊发少年狂

　　自古狂人多才俊，诗人的气质里总有狂狷的一面，从古至今最为有名的狂狷诗人便是唐朝李白。

　　李白常常语出惊人，当唐玄宗召他入京时他说："仰天大笑出门去，我辈岂是蓬蒿人"；当李邕对他的高谈阔论表示不满时，他回敬李邕："大鹏一日同风起，扶摇直上九万里"；当他郁郁不得志时，他写下"天生我才必有用，千金散尽还复来"这样的诗句，仍尽显疏狂与豪迈。

　　如此狂放的李白在唐朝无人与之匹敌，但是到了宋朝，作为诗人的苏轼狂放起来能够和李白比肩。

　　初到密州的苏轼就像一位名医，先以"望、闻、问、切"的手法梳理密州时弊，认为当地旱、蝗、匪这三祸，匪患应为首害。针对现状苏轼很快开出了药方：奏请朝廷出粮赈灾，解救民众倒悬之苦；然后祈雨上苍，振兴农业；发动民众灭蝗，制止灾情蔓延；等形势稍微稳定，实施剿清巨匪的计划。

　　对于一介书生来说，想要剿清盘旋山林已久的匪患难于登天。苏轼先撰写了一份《论河北京东盗贼状》上呈朝廷，批复还没下来他就着手招募青壮年训练，而他自己却假借狩猎之名进山侦察试探匪窝。

很快密州的官员们就发现，这位新来的知州大人似乎对狩猎情有独钟，和山中老猎户走得非常近，常常不耻下问向猎户们请教狩猎技巧，刚学到皮毛又跟着猎户们进山打猎，每每都能带回几只野兔。

有人就在背后议论："这位知州大人只敢猎野兔，不敢猎土匪！"苏轼的夫人也劝他："老爷是密州知州，您迷恋狩猎就是不务正业，对上有负朝廷，对下有愧百姓，还是别去打猎才好。"对于这样的议论和劝说，苏轼的回答总是："等哪天猎尽野兔，我也就不再打猎了。"

熙宁八年（1075）春夏，密州再次大旱。苏轼在常山祈雨后果然得雨，又于十月往常山酬谢，归来途中与同行官员在密州铁沟附近以狩猎的名义侦察匪情，这次侦察获得准确的情报，随即定下当年冬至进山剿匪的计划。文弱书生终于有了带兵杀敌的机会，苏轼大有"前无古人，后无来者"的狂放之气，值此意气风发之时，唯有诗词能尽抒胸臆。

江城子·密州出猎

老夫聊发少年狂，左牵黄，右擎苍。锦帽貂裘，千骑卷平

冈。为报倾城随太守，亲射虎，看孙郎。

酒酣胸胆尚开张，鬓微霜，又何妨！持节云中，何日遣冯唐？会挽雕弓如满月，西北望，射天狼。

此时苏轼未满四十，还算不上"老夫"，但他感觉自称"老夫"有一种成熟的自信，更有一种老树发新芽般的得意。你们看我，虽然年岁已长，但是左手牵着猎狗右手驾着猎鹰是何等快意！

不久前的上元夜，苏轼在《蝶恋花·密州上元》这首诗里也说"人老也"，那个晚上感受的"老"是寂寥是萧瑟，而此时的"老"是老到是壮怀激烈。

同样的境遇不一样的心情，原来时间也可以沉淀情绪，既然如此，何必在意情绪来来去去，在有限的时间里去尝试更多的不可能才是最应该做的事情。

随行的骑士们都戴着华美的帽子穿着裘皮猎服，浩浩荡荡如人浪一般席卷了平展的山岗，如此装备精良的猎队不如说是一支战斗队伍，大军席卷而过，一切魑魅魍魉都将无所遁形。猎猎风中，牵犬驾鹰的苏轼在统帅的旗帜下回望大军，对于这场战事更是志在必得。

统帅者，太守也；太守者，苏轼也！他在帅旗下振臂一呼："快告诉全城的人，跟着我去打猎，看我像当年孙权那样亲自射杀老虎！"一呼百应，全城百姓跟着大部队倾城而出，只为一睹太守"狩猎"的风采。

据《三国志·吴书·孙权传》记载："（建安）二十三年（218）十月，权将如吴，亲乘马射虎于庲亭，马为虎所伤，权投以双戟，虎却废。"文中记载了三国猛将孙权射杀老虎的故事。

孙权射虎正是风华正茂之时，匪患猛于虎，苏轼今天也要亲手射"虎"，可见他的英雄豪气不减当年孙权，也是回应开篇那句"老夫聊发少年狂"，一个狂士形象跃然纸上。

太守出猎而报之百姓倾城去看，此一狂；出猎必射虎，此二狂；以"老夫"之年岁自比"孙郎"，此三狂。

狂态中透出词人压抑许久的英雄梦想，纵然理想的堡垒在现实面前尽数坍塌，却有英雄梦想在废墟中发出微弱的光芒。苏轼醉心于诗词，从未想过自己的英雄梦想也会实现，却没想到在这贫瘠之地再度被点燃，成为照亮幽暗岁月的熊熊火焰，怎不叫他变儒雅为狂放？

苏轼禁不住开始遥想肃清匪患之后的庆功情景，在庆功宴上他一定要痛饮美酒，喝到酣畅淋漓才是雄心壮胆真正拿出来的时候：这匪患哪里是我真正的英雄梦想？你们别看我已两鬓斑白，其实我一直在等待着朝廷使者持符节而来，宣布我官复原职。

据《汉书·冯唐传》记载，汉文帝时，云中郡太守魏尚守边有方，战绩卓著，后因上报战果数字略有差误便被削职。中郎署长冯唐向汉文帝谏言，不应如此对待名臣良将，汉文帝听取谏言，就"令唐持节赦魏尚，复以为云中守"。

苏轼化用这个典故看似喝醉后的狂狷宣泄，实则是最直白的心声。虽两鬓斑白，但胸中凌云之志从未磨灭，等到使者持节而来定能扶摇直上青云。

我盼望官复原职并不是贪恋权势，只是希望朝廷能够给我一个保家卫国的机会。如果真有那么一天，我定会神弓拉满，将箭射向西北列强所在的方向！

天狼星，一直被当作贪婪侵略的象征，苏轼眼中的"天狼"是宋朝西北边境辽国和西夏的统治者。

《楚辞·九歌·东君》中就有"举长矢兮射天狼"之句，屈原用"天狼星"影射当时的强秦来抒发想要报效祖国的强烈意愿。同为文人的苏轼，和屈原一样忧心大宋兵事，也和屈原一样随时准备着为了国家赴汤蹈火。他们的狂狷都因心中豪迈之志无处舒张而起，这种狂放实则是侠士精神，也是天地大爱。

既有荡平匪窝的豪迈之志，又有具体到细节的周密部署，冬至那天苏轼带着队伍进山"狩猎"一举成功，为百姓除去为害一方的土匪，还密州百姓以安宁。密州百姓倾城而出欢迎太守得胜归来，不少店铺在门前放起了鞭炮，密州的冬至节锣鼓喧天鞭炮声声，终于有了欢腾的节日气氛。

苏轼的狂放落在了为民谋福的实处，从这次"狩猎"成功，苏轼还看到文人可以走另外一条道路。

纵观当时词坛，以柳永为代表的婉约词风靡一时，如"今宵酒醒何处？杨柳岸，晓风残月""伫倚危楼风细细，望极春愁，黯黯生天际"，还有"系我一生心，负你千行泪"，等等，这种词风继承了晚唐花间词风，字里行间皆是男女离愁别恨、你侬我侬的旖旎风光，给人留下了"词为艳科"的印象。

苏轼早年也受这种词风影响，但是生活的磨砺不仅让他更透彻地看清人生本相，更是让他对宋词风格也有了新的思考。如果写词不能突破旧有框架，不融入新的东西进去，那么词只会一直被人视为"小道"，无法和诗歌并驾齐驱。

"花间词"是一种活跃在晚唐和五代的词派，从它的来源《花间集》得名，以唐朝温庭筠为鼻祖，"玲珑骰子安红豆，入骨相思知不知""小山重叠金明灭，鬓云欲度香腮雪"，这些都是代表诗句，描写男女感情缠绵悱恻入木三分，因为清婉精巧而被争相传诵。

苏轼想要改变这样的词风，对于当时的文坛来说无疑是一种颠覆。他首先以柳永为对手，在《江城子·密州出猎》中塑造慷慨激昂一心驰骋疆场的狂士形象，有意与柳永词中倚红偎翠的纤巧之调相对抗。

此词写成苏轼颇为得意，在《与鲜于子骏书》中说道："近作小词，虽无柳七郎风味，亦自是一家。呵呵！数日前猎于郊外，所获颇多，作得一阕，令东州壮士抵掌顿足而歌之，吹笛击鼓以为节，颇壮观也。"

从这首《江城子·密州出猎》开始，苏轼真正开始了对宋词的革新，开始追求用词作来表现广阔的意境和狂放的胸怀，抒发自我的真实性情和独特的人生感受，为以后词与诗并驾齐驱奠定了基础。

也可以这样说，苏轼之狂是从这首《江城子·密州出猎》开始的。他之狂狷，狂在人老心未老，狂在身居贫瘠之地心系边疆，狂在从未忘却心中的英雄梦想，更狂在他敢于打破传统大胆创新。与李白相比他的狂放似乎有着更高的境界，因为他一直在迎难而上，试图用文人手中的利剑划开时代的苍穹，为宋代文坛开启新的华章。

第 15 章　但愿人长久，千里共婵娟

唐朝张若虚曾经在《春江花月夜》这首诗里写道："人生代代无穷已，江月年年望相似。"人生无常世事善变，唯一不变的只有天上的一轮明月，日复一日照着人间的各种悲欢离合。

有人说明月很慷慨，不管你是否寄情于它，它一直都常相伴随；有人说明月也很吝啬，每月只圆那么一天，一年十二天中只有中秋那天才圆满。明月在中秋这天完成了自己的圆满，也被古往今来的诗人当作了最美的意象，寄予人间圆满的最好愿望。

唐代诗人张九龄在中秋这天写下"海上生明月，天涯共此时"这样的千古佳句。李白在中秋之夜，"举杯邀明月，对影成三人"。辛弃疾却在中秋之夜百感交集，"况屈指中秋，十分好月，不照人圆"。刘禹锡在中秋之夜飘飘欲仙，"尘中见月心亦闲，况是清秋仙府间"。

宋朝的明月同样照见千种诗人姿态，述尽万般诗情，也照进了密州苏轼的心里。

苏轼从杭州调往密州时，以为自己能和在齐州的弟弟苏辙经常相聚，谁知到密州七年他和弟弟一直未能团聚，每每想起弟弟都让苏轼无比惆怅。

又值一年中秋月明时，月圆人难圆，喝得酩酊大醉的苏轼唯有将一腔思念托付给天上那轮明月。

水调歌头

（丙辰中秋，欢饮达旦，大醉，作此篇，兼怀子由）

明月几时有？把酒问青天。不知天上宫阙，今夕是何年。我欲乘风归去，又恐琼楼玉宇，高处不胜寒。起舞弄清影，何似在人间。

转朱阁，低绮户，照无眠。不应有恨，何事长向别时圆。人有悲欢离合，月有阴晴圆缺，此事古难全。但愿人长久，千里共婵娟。

月光如银洒遍大地，竟不知道它是什么时候升上天空的，苏轼带着一抹醉意举起酒杯问苍天："天上的月宫现在究竟何年何月了？"

屈原曾在《天问》里向"天"发出洋洋洒洒一百七十问，那是在他被放逐后彷徨于山泽"呵而问之"；李白也曾在《把酒问月》诗里问过："青天有月来几时，我今停杯一问之"，那是因失意而起的即兴遣怀；苏轼此时因醉而感，是因苦闷而生的"伫兴之作"。三人生于不同的年代却都曾问"天"，这"天"于他们来说其实是"天道"，是天地之间的真理，可见对于真理的追求可以跨越时代在心灵深处脉络暗通。

唐朝人称李白为"嫡仙"，苏轼也曾设想自己前生是月中仙人，对月当空常常会起归去之念。这个月圆之夜，他突然又想乘着风飞向月宫，但也有点怕那里的亭台楼阁太高了，受不得那种寒冷。

关于"琼楼玉宇"的传说，晋代王嘉曾在《拾遗记》中记载：古人翟乾祐与弟子在江边赏月，弟子问他月中有些什么，翟乾祐就让弟子顺着自己手指的方向看过去，只见月亮中隐隐看得见华丽的亭台楼阁，后来人们都相信月亮中住着仙人。

到唐朝又流传，说有方士邀唐玄宗游览月宫，玄宗到月宫之后，觉得上面太过寒冷禁受不住。

"乘风归去"是出世，"不胜寒"是入世，苏轼在两种情绪之间的挣扎，不仅存在于这个中秋之夜，更是贯穿一生。当宋神宗读此词，读到"琼楼玉宇，高处不胜寒"这句时，也不禁叹息"苏轼终是爱君"，能有这样的叹息只因他终于懂得苏轼内心的挣扎。

酒微醺，心已明，徘徊在月影中的苏轼心中渐渐有了答案：与其向往飞向高冷月宫，还不如留在人间趁着月光起舞。

李白曾在《月下独酌》中说道："我歌月徘徊，我舞影零乱。"苏轼的"起舞弄清影"从这里脱胎而出，飞舞的是影，乱的是心绪，只因他无法摆脱人间太多温暖的束缚，比如说知己间的心心相印，兄弟间的相依相惜，这些都是他不愿归去的点点滴滴。

如此让人留恋的人世对自己来说最珍贵的是什么呢？人有时可能会迷茫，但天上的明月会带你找到答案，"转朱阁，低绮户，照无眠"。月光转过朱红的楼阁，低低地穿过雕花的门窗，照见那个此时和自己一样无眠的人，此时此刻在我们心中彼此大概就是最珍贵的，否则为何会同样因为思念失眠呢？

明月啊，难道你竟然一点都不懂人间的离恨吗？否则又怎会自顾自圆满呢？此时的苏轼像是喝醉了，离恨重重锁心头，除了向月亮发泄还能怎样呢？

这时天边飘过一片乌云，将明月遮住一角。苏轼恍然大悟，原来月亮也有亏损残缺的时候，它的遗憾和人间的悲欢离合一样多，只是它选择不被那些遗憾束缚住自己的脚步。明月既如此，人又何必为暂时的离别而伤神抱怨呢？

当分离在物理时空上变成不可改变的事实，明月也许在心理时空上可以完成一种交流和寄托。苏轼由月生发感情，从问月、飞月、望月、怨月到替月开解，从每一次感情的流转中学会了与明月相逢相知，他相信明月会承载自己的托付，因为明月懂得他们兄弟间不仅为亲人，更是互为良师益友。

当初父亲为他们两兄弟取名就分别蕴含深意，对于哥哥他用了一个"轼"字，原意是车前用作乘车人扶手的横木，作平衡之用，他希望苏轼能够察言观色，遇事不要冲动，能够在人际关系中保持平衡；对于弟弟他用了一个"辙"字，原意是马车行走留下的印迹，虽说于马车行走没有功劳，但是一旦车翻马死，车辙也不会受牵连。他希望这个儿子能够甘心做个车辙，不求大富大贵，只求平平安安。从这两个名字看来，父亲并不希望两个儿子做出多么杰出的成绩，只愿他们能平安一生。

对于父亲的希冀，弟弟苏辙确实做到了，他低调冷静，性子稳健而实际。而苏轼却与父亲的希望背道而驰，他才气焕发名气非凡，却在官场上倔强任性，从不因为平衡之道而稍作妥协，奇怪的是性格迥异的兄弟俩感情却是出奇的好。

宦海中沉沉浮浮身不由己，兄弟俩忧伤时相互慰藉，患难时相互扶持，写诗相互寄赠来相通心意，或为师，或为友，兄弟之情在顺逆容枯的轮转中锻造成为知己之情。苏轼曾在他的一首诗里写道："我少知子由，天资和而清。好学老益坚，表里渐融明。岂独为吾弟，要是贤友生。"

苏辙颇负才气，与苏轼政治上的意见相同，而且立场也相同，但他们兄弟两人个性迥然相异。如果说苏轼像烟火一样辉煌灿烂，那么苏辙就像烛光一样平和温暖，在朋友与同僚心目中，苏辙为人可靠，和他一起相处分外轻松，而苏轼则直言无忌，随时都可以吐露真理，说话毫无禁忌令人有些害怕。

苏辙经常规劝兄长，锋芒太露会无意中刺伤他人，同时也会伤到自身。苏轼知道弟弟的忠言大有道理，如果他的气质像弟弟那样恬淡沉静，说不定活得能更轻松些，但是他天赋生气蓬勃的精神，难以在保持大无畏的英雄本色和明哲保身的人生本分之间求全。

苏辙也明白自己的兄长就是天上那轮明月，自有其独特的光芒，所以他除了提醒，从不强求兄长改变，只是甘愿默默陪伴。苏轼对于弟弟的理解和陪伴也满怀深情，后来在写给好友的诗中曾经写道："嗟予寡兄弟，四海一子由。"

苏辙对天才哥哥的仰慕始终如一，虽然仰望着哥哥，但也并没有成为苏轼的影子。他的诗文虽算不上文采飞扬，却也是意境闲澹，尤其他的文章更是能发出"一唱三叹"之声，内容充实具有深度，策论真正笔锋犀利，针砭时事一针见血。

苏轼也知道苏辙的文章比自己的厉害，常说世俗不知苏辙好处只是因为文如其人太沉稳低调。他的学生秦观可以做证，他曾说过："中书（苏轼）尝谓'吾不及子由'。"

最好的陪伴就是共同成长，苏辙不与明月般的兄长争辉，却努力让自己成了一颗耀眼的星星。他用自己的实力在"唐宋八大家"中争得一席之地，明星伴月，和兄长成就了文坛上为人津津乐道的佳话。

和弟弟苏辙之间的友爱情意成为苏轼毕生歌咏的题材，在他的诗词中提到"子由"的便有二百二十九次，如《满江红·怀子由作》《东府雨中别子由》《送子由使契丹》《狱中示子由》等诗词，弟弟子由无疑最能激发苏轼的创作灵感。

但是这对兄弟知己难敌世事无常，总是聚少离多，明月无数次照见了他们兄弟的相知相惜，也照穿了他们太多的离愁别恨。苏轼在密州的这个中秋之夜顿悟了明月的阴晴圆缺，"思苦自看明月苦，人愁不是月华愁"，当心中有了在意有了计较就会纠结，"千江有水千江月"。当你能够勘破所有的离合聚散都如过眼云烟，就能够还自己一个自在，"万里无云万里天"，人生不求长聚，两心相照明月与共未尝不是一个美好的境界。

苏轼这首《水调歌头》处处有"嫡仙李白"的遗风，但又处处超越，缥缈于云端在清辉之间。诗僧寒山曾说："圆满光华不磨莹，挂在青天是我心。"苏轼让明月入心入怀，学会让明月照彻自己的生命，这样的浪漫才是生命的一种真正逍遥，才能成就这样一篇千古绝唱。

第 16 章　诗酒趁年华

春天，万物复苏的季节，不光是蛰伏一冬的大自然在这个季节蠢蠢欲动，人心底的思绪也会在春风春雨中更加细腻缠绵。

南唐后主李煜将"离恨"比喻为春草，写下"离恨恰如春草，更行更远还生"的诗句。当时他的弟弟李从善去宋朝进贡，结果被扣留在汴京，李煜多次请求宋太祖让弟弟回国，都未获允许，一直到第二年春天从善都没有归来。面对漫天春景，李煜没有心情踏青，只觉"触目柔肠断"，写下了《清平乐》一词寄托思念之情。

在春日里与亲人离别的人不止李煜一个，苏轼四处漂泊，与亲人四散分离，特别是在密州，他与弟弟咫尺天涯想见不得见，春日里他的"离恨"也如春草般疯狂蔓延。但是他做出了和李煜不一样的选择，没有让自己沉浸在离恨中不可自拔，而是选择用"离恨"来酿出浓浓的词意，也为人间留下了一首写在春天最经典的词作《望江南·超然台作》。

经过两年的精心整治，与刚刚到任时的密州相比，现在的密州早已是一片欣欣向荣的景象。

苏轼这位以天下为己任的父母官，从离开汴京开始，几乎走到哪里就为民造福到哪里。在他和同僚下属的努力下，连年灾荒饥馑的密州从旱灾、蝗灾和匪患的困扰中走了出来，终于焕发新的生机。民生有了极大的好转，苏轼也有了心情造访密州的名胜古迹。

密州城北有一处建于北魏时期的古台，因年深月久破败不堪，苏轼命人修葺一新，并增建不少楼宇殿堂，以作当地百姓登临休息之用。

他的弟弟苏辙依据《道德经》中"虽有容观，燕处超然"的文义，为此台取名为"超然"，并作《超然台赋》予以赞咏。苏轼也写下《超然台记》以示纪念，文中用"以见余之无所往而不乐者，盖游于物之外也"这样的句子来表达自己超然物外的心境。

宋神宗熙宁九年（1076），又一个春天来临，此时的密州百废俱兴。苏轼欣然登上超然台，看着密州城里城外处处迷人的春色，他不禁踌躇满怀，虽不能做春风吹绿万物，也要做春雨将春日诗情洒向人间。

望江南·超然台作

春未老，风细柳斜斜。试上超然台上看，半壕春水一城花，烟雨暗千家。

寒食后，酒醒却咨嗟。休对故人思故国，且将新火试新茶。诗酒趁年华。

此时已近暮春但春色还未完全逝去，微风轻轻吹拂，柳枝随风轻扬，在春景中画上一条条斜斜的细线。

暮春时节，所有的景物早已不是春天刚刚来临时那么青葱嫩绿，绿意渐深就像时光让田野有了皱纹，未老的不是春色而是人心。因为现在密州到处欣欣向荣，苏轼感觉自己的心沐浴在春风里，即使时近暮春也未曾感觉到春天将要过去。

苏轼抱着饱览春色的心情登上超然台，只见城外护城河内一汪春水已经半满，城内春花五彩缤纷竞相开放，此时蒙蒙烟雨中，千家万户看起来就像一幅水墨丹青画。

密州城早已不是苏轼刚来时干旱破败的样子，在温和的暮春里，春天的雨露中渐渐有了春到江南的模样。苏轼用了一个"暗"字描摹出春雨中房屋的线条，虽用"暗"但没有让这幅画的色调暗下去，反而突显了雨中春城的朦胧美。

春雨在诗词里面一向都带着一抹喜气，从杜甫的"好雨知时节，当春乃发生"到韩愈的"天街小雨润如酥，草色遥看近

却无"，从张志和的"青箬笠，绿蓑衣，斜风细雨不须归"到
苏轼的"半壕春水一城花，烟雨暗千家"，这些诗句都能读出
诗人喜看春雨的欢悦心情，大概是因为春雨的滋润让生活有了
希望。其实想想，苏轼之于密州又何尝不是一场春雨呢？

春日喜雨中登高远眺何等超然闲适，苏轼却有些意难平，
此时寒食节已经过去，开灶痛饮一番美酒后忍不住一声轻叹。

寒食节是古代节令名，在清明节前一两天，从这天起人们
禁止使用柴火，只能吃冷食。人们用这样的方式来纪念被烧死
的忠臣义士介子推。

寒食节之后便是清明节，清明有归乡扫墓祭祀祖先的传
统，然而苏轼离家千里，故乡对于他来说就是一个遥不可及的
梦，想到许久未见面的亲人忍不住长吁短叹。

春雨中的春色就像酒醉看景梦幻而不真实，酒后清醒地看
到自己孑然一身，故乡故人都已远离，唯留一声叹息。

突如其来的思念情结让欢欣鼓舞的心情蒙上了一层阴影，
春愁如雨雾般将苏轼包围，然而他想到此时自己正站在超然台
上，既然早已有了超然物外的心境，那么就不要让自己被思乡
的情绪牵绊住。如此好时节应该用刚生的柴火烹煮一壶新茶，
来好好享受如画般的春日美景。

春色稍纵即逝，正如人的青春也不常驻，与其让自己沉浸在
对往昔的追忆中，还不如好好把握当下；与其苦苦纠结于求而

不得的遗憾，还不如把握大好年华去做一些开心的事情。

这句"诗酒趁年华"与开篇第一句"春未老"遥相呼应，苏轼的未老之心表露无遗。对"诗酒"的追求让他找回文人的初心，他想趁自己诗心尚存之际多多找寻人生快乐的真谛，达到物我两忘心态上的天人合一。这不仅是苏轼长期以来的追求，也是千百年来文人追求的理想状态。

文人追求超然状态都喜到无人之境，似乎只有一个人独处才能悟出超然的真谛，"行到水穷处，坐看云起时"，王维隐居终南山于无人处寻求超然；"采菊东篱下，悠然见南山"，陶渊明隐居乡野于田园间寻求超然；"孤舟蓑笠翁，独钓寒江雪"，柳宗元在寒江独钓的乐趣中寻求超然；"相看两不厌，只有敬亭山"，李白在山间独坐的孤独中寻求超然。

春天生机勃发，冻结了一冬的各种欲望都在这个季节苏醒过来。"一年之计在于春"，一般人于春光里只会思索进取，唯有苏轼卓尔不群，他阅尽春色而不生欲望，登临高台而思超然，不留恋过往，不惧怕将来，达到了超然的最高境界。

虽然看淡一切，超然物外，然而对于故乡是永远无法割舍的，苏轼的思乡之情从这首词的词牌名就可以窥见一斑。

"望江南"又名"梦江南""忆江南"，原唐教坊曲名，苏轼登上"超然台"，望到的不仅是密州的春色，还有魂里梦里深深牵挂的江南春色。四海同春，密州的春色都如此清新秀丽，那江南的春色又该是什么样子呢？

白居易眼里的江南春色："日出江花红胜火，春来江水绿如蓝"；杜牧眼里的江南春色："千里莺啼绿映红，水村山郭酒旗风"；谢良辅眼里的江南春色："江南仲春天，细雨色如烟"；苏轼记忆中的江南更是漫天烟雨满城春，叫他怎么能不忆江南？

如果说刚到密州的苏轼面对贫瘠萧瑟心态黯然，那么现在的苏轼早已学会用更加超然平和的眼光审视世界和自己了，虽有一抹乡愁却并不执迷。他能于思乡的惆怅中自我开解出来，便是因为他的心境早已超脱出来。

苏轼在春天里曾写过不少诗词，比较有名的有《惠崇春江晚景二首》。

惠崇春江晚景二首

竹外桃花三两枝，春江水暖鸭先知。

蒌蒿满地芦芽短，正是河豚欲上时。

两两归鸿欲破群，依依还似北归人。

遥知朔漠多风雪，更待江南半月春。

还有他写下的《减字木兰花》。

减字木兰花

莺解初语，最是一年春好处。微雨如酥，草色遥看近却无。

休辞醉倒，花不看开人易老。莫待春回，颠倒红英间绿苔。

此外他也在《蝶恋花·京口得乡书》中写尽春色。

蝶恋花·京口得乡书

雨后春容清更丽。只有离人，幽恨终难洗。北固山前三面水，碧琼梳拥青螺髻。

一纸乡书来万里。问我何年，真个成归计。白首送春拼一醉，东风吹破千行泪。

在这些诗词中，苏轼或闹春，或思春，或愁春，无不浪漫潇洒，尽显春日旖旎风光，每首都值得反复吟咏。若论境界，苏轼在超然台上写下的这首《望江南·超然台作》却是超出他所写的所有春日诗词。

苏轼在超然台上不仅超越了以往的自己，在历代诗人咏春的诗句中，像"诗酒趁年华"这句迸发出勃然春意却又超脱物外的境界也是绝无仅有的。苏轼就是一直用这种超然的心态抗衡着命运的碾压，所以国学大师林语堂先生才会如此评价："苏轼是不可救药的乐观主义者。"

第 17 章 古今如梦，何曾梦觉

红尘路上走过山走过水，当绿萝拂过衣襟，青云打湿诺言，总有一个时刻会让你恍然惊觉人生如梦，仔细拣拾岁月留下的点点滴滴却发现都是梦的碎片，拼凑起来却发现早已找不到梦境与现实之间那道分界线。

千百年前的庄子最早发现"人生如梦"的奥义，他在梦中幻化为蝴蝶，在天地间遨游，逍遥自在，不知何为庄周，但忽然醒来发觉自己仍是庄子。他运用想象和优美的文笔写下了《齐物论》，将梦中自己化蝶和梦醒蝴蝶复化为己描绘得既有浪漫的情怀，又有开阔的审美想象空间，成为后世文人们最喜欢用来表达多种人生感悟的重要意象。

苏轼后期的诗词中也多次写到"人生如梦"，追溯他梦境的源头，我们会发现他是在徐州才悟出"人生如梦"这样的人生哲理的，如果再往深处追究，我们还能发现他的梦境源于徐州燕子楼。

当苏轼刚刚习惯了密州任上的生活，他又接到到河中府任知府的调令。他于熙宁九年（1076）年底离开密州登程赴新任，熙宁十年（1077）二月到了汴京陈桥驿的时候，又接到诰命改任徐州知州。

宋朝时期的徐州不仅是地控鲁南的大城市，更是军事要冲，过去各个朝代徐州四面皆有战事，不仅如此，当地还盛产花岗岩、煤、铁等矿产，因此徐州也以产刀剑著称。苏轼喜欢徐州的自然风光，更喜欢徐州种类繁多的虾蟹和淡水鱼，所以他将徐州称为"小住胜地"。

虽然漂泊让人身心俱疲，但是能在自己心仪的地方停留下来，还是能让人心生欢喜。

苏轼高高兴兴地去徐州上任，不想刚到任便遇上百年难遇的大洪水。他奋不顾身抢救城池，几十天都驻扎在抗洪第一线，以惊人的毅力和超凡的智慧带领徐州的百姓们战胜了洪水，并重建徐州城墙，在城墙之上建筑了一座百尺高楼，称之为"黄楼"，后人将苏轼在徐州度过的时光统称为"黄楼时期"。

"黄楼时期"的苏轼和以前大不相同，他人生中首次以"实干家"为人所知，做事、兴建工程、忙于公众活动，无论从哪方面看，作为行政官员的苏轼都是个干练之才。

苏轼每到一个地方都爱寻访当地的名胜古迹，徐州作为历朝历代的军事要地更是留下说不清的古迹与故事。当地有一座燕子楼,相传是唐贞元年间,朝廷重臣武宁军节度使张愔镇守徐州时为名妓关盼盼所建的。

盼盼美艳而多才思能诗文,时任节度使的张愔同情盼盼的遭遇尊重她的人格,视她为自己难得的知己,并与她结为伉俪,在府第中为盼盼特建古朴典雅的燕子楼以表示爱意。

后来张愔去世,盼盼思念故人,独居在小楼上十余年不肯改嫁,曾写下《燕子楼三首》来抒发独居时孤独凄凉的心情。诗作一出燕子楼便闻名遐迩,历代诗人留下了无数吟咏燕子楼和关盼盼的诗句。

苏轼刚到徐州便听说了燕子楼和关盼盼的传说,只是公务繁忙无暇分身登临,不过这不代表燕子楼不会来找他。某一个夜晚,苏轼突然在梦中登上了燕子楼,并见到了传说中的关盼盼,她巧笑嫣然果然如传说中那样美丽,梦醒之后苏轼便去寻找燕子楼。

当他站在楼顶,人去楼空真如大梦一场,过去、现在还有未来都如梦如幻,不由得让他想起了"庄生梦蝶"的缥缈,想起自己梦境所见,突然分不清哪是虚幻哪是真实。

永遇乐

(彭城夜宿燕子楼,梦盼盼,因作此词)

明月如霜,好风如水,清景无限。曲港跳鱼,圆荷泻露,寂寞无人见。纨如三鼓，铿然一片，黯黯梦云惊断。夜茫茫，重寻无处，觉来小园行遍。

天涯倦客，山中归路，望断故园心眼。燕子楼空，佳人何在，空锁楼中燕。古今如梦，何曾梦觉，但有旧欢新怨。异时对，黄楼夜景，为余浩叹。

皎洁的明月光芒像秋霜一样洒遍大地，撩人的夜风吹过来，像水波一样轻柔，如此月色如此微风让人感觉夜色清凉又美好。

李白曾在《静夜思》里写道："床前明月光，疑是地上霜。"明月和秋霜之间总是有着千丝万缕的联系，月华和秋霜缠绕在一起就如同织就细细密密的网，让思绪无处可逃。这晚燕子楼的月光照射到苏轼的梦境里，也网住他的思绪。

苏轼在梦境中看到，弯弯曲曲的水港中有鱼儿跳起，一滴滴的露珠从圆圆的荷叶上滚落下来，像是珍珠泻落到水里，如此鲜活的美景真可惜没人看到，便是在梦里也觉得寂寞无边。

在苏轼的梦境中，万籁俱静中有鱼儿和露珠的灵动，"鱼跳"暗示人静，"露泻"凸显夜深，本来就十分寂静的深夜越发安静了，静中有动的景色对应的是苏轼真实的心情，整个白日时光都承载不下他的寂寞，甚至要跟随他入梦，是梦耶？非梦耶？又有谁能说得清楚。

三更时分的鼓声响起，更有树叶落地的沙沙声，惊扰了午夜清梦，从悠然如云的梦境中重回秋夜深沉的夜色，忍不住有些失落，总感觉有些什么遗失在梦境中难以寻回。

宋玉在《高唐赋》里记载楚王游高唐之观，梦见巫山神女，神女自称"且为朝云，暮为行雨"。苏轼用"梦云"两字暗指自己在梦中见到了关盼盼，只可惜梦境被更鼓声和落叶声惊断，再想重回梦境，只怕不可能再见到传说中的女神，所以有些怅然若失。

找遍小园想重回梦境，只是不得其门而入，唯留一片茫茫夜色。梦境中夜色虽也寂寞，但能见到女神稍微有些安慰，醒来踏遍整个小园却觅不到芳踪，这才是真正的空寂。

他只是个厌倦了天涯漂泊的游子，朝着绵延到山脚的那条路一直望到天边，也望不见他的故园。纵然心里眼里千般思念，回归故园的愿望也不过如一场梦，日日沉浸日日醒来，不知道哪一天才能梦想成真。

他于梦境中寻访燕子楼，突然故园又出现在梦里。他放外任已经七年有余身心俱疲，京城故园欲归无期，只能在梦中一次次踏上那条归乡路，这条路却永无到达之时，故园和燕子楼重叠成梦幻泡影，又怎么不让人发出"人生如梦"的叹息？

不管在现实中还是在梦境里，燕子楼都已经人去楼空，当年住在燕子楼的佳人不知道去了哪里，只有那些燕子依然住在楼中。"古今如梦，何曾梦觉，但有旧欢新怨"，从古到今世事皆如一场梦，梦里又有几人真正醒来过，新生的忧愁覆盖住旧时的烦恼，只不过是在梦中循环往复罢了。

梁简文帝萧纲在《十空六首·如梦》一诗中首次运用庄周梦蝶的典故来表达人生如梦的思想："秘驾良难辨，司梦并成虚。未验周为蝶，安知人作鱼。"李白在他的《古风五十九首》中写道："庄周梦蝴蝶，蝴蝶为庄周。一体更变易，万事良悠悠。"人生如蝴蝶梦一般变化莫测，究竟还有什么值得去追求的呢？白居易仕途遭受挫折理想破灭之时，整日犹如在梦中："鹿疑郑相终难辨，蝶化庄生讵可知。假使如今不是梦，能长于梦几多时。"

苏轼在燕子楼上从自身梦境的幻灭联想到人亡楼空，从燕子楼的沧桑和佳人易逝悟出万物本体的瞬息生灭，当他将现实和梦境缠绕在一起入诗时，暗含庄子"吾特与汝，其梦未始觉者邪"，其中深意，现实和梦境哪里有清晰的分界线？从古代燕子楼中的佳人到今日登楼的倦客再到古今普罗大众，谁又不是寄生梦中？

《庄子·齐物论》中曾写道："方其梦也，不知其梦也，梦之中又占其梦焉，觉而后知其梦也。且有大觉而后知此其大梦也，而愚者自以为觉。"人生固然如梦，唯有醒者知其为梦，可惜自以为醒者的人，其实仍是在做梦，自视为智者的人仍不免为愚者，所以从古至今没有梦者和醒者的区别，只有梦境中新愁旧怨的略微差异。

庄子哲学正是苏轼用来消除痛苦的良药，如若不如此看透，他又该如何面对日复一日的漂泊不定？

黄楼是苏轼在徐州彭城为纪念抗击洪水改建的东门城楼，也是苏轼在徐州政绩的象征。此时他在燕子楼上遥想若干年后，后人到黄楼凭吊自己，会不会也像今日自己在燕子楼思念关盼盼一样发出深长的感叹？

就这一句，苏轼就将过去、现在和将来串成一条线，对历史的咏叹延续到现在成为反思，也必将延伸到未来成为现实。只有站在如此宏观的角度，才能突破目前困境的束缚，最终破茧成蝶。

苏轼关于燕子楼的梦境颇有"庄周梦蝶"的味道，梦蝶让庄周摆脱了尘世的喧嚣和囚禁，在自己创造的梦中乐园逍遥自在，遗世独立。苏轼却于旖旎缠绵的梦境中顿悟人生真谛，灵魂也因此得到净化和升华，"古今如梦，何曾梦觉"。由这首《永遇乐》的意境我们说苏轼是少数醒者之一，大概没有人会反对吧。

第18章 既相逢，却匆匆

人生无常聚散苦匆匆，无数次的聚散串起了我们走过的岁月。红尘陌上行走，因缘分与山水相逢，以为是岁月赠予自己的清欢，却在不经意间常常站在分离的路口，千般惆怅万种不舍都融于挥手作别中。

苏轼曾经自称"天涯倦客"，他一直四处漂泊，对于聚散无常本已看淡，只是当他在徐州再一次面对别离，却已做不到像以前那样淡然。

徐州历史悠久人杰地灵，是有名的"龙飞之地，帝王之乡"，作为徐州父母官的苏轼深深地爱上了这片热土，在苏轼主政的两年正是徐州的多事之秋。

他刚刚上任便遇上黄河决口水困徐州，苏轼喊出了"吾在是，水决不能败城"的口号，带领军民筑堤抢险，"黄花白酒无人问，日暮归来洗靴袜"就是当时真实的写照。抗洪胜利之后，苏轼又提出"筑堤防水，利在百世"的主张，继续带领民众筑堤"七百九十丈"，留下了黄楼、苏堤这两项代表苏轼政绩的工程。

洪灾过去不久，徐州又遭遇特大旱灾。苏轼为解决百姓疾苦亲自前往石潭祈雨，同时因地制宜查看水源，征集民夫修筑池塘和水库，对于缓解旱情起到了很大作用，终于得雨后他又关心当地农耕，真正把老百姓放在了心上。

苏轼心中一直有着侠士梦，刚好徐州是历代盛产兵器的地方，只是产量不高。苏轼勘探地形，在白土镇孤山找到了石炭资源，又在徐州发现了煤田，用煤炭作为燃料提高炉温冶铁，大大推动了铁矿业的发展，为造出大批量优良兵器打造了坚实的基础，同时也解决了老百姓冬季燃料之需，到现在他的发现都还在造福当地。

发展中的徐州让苏轼充满了信心，他走遍徐州大地，考察风土人情，云龙山、恒山、百步洪、戏马台、台头寺、燕子楼……到处都有苏轼登临凭吊的足迹，他不仅留下了许多脍炙人口的诗篇，更是提出很多保护徐州名胜古迹的计划，不遗余力地弘扬徐州的人文文化。苏轼饮酒之后在云龙山写下的《放鹤亭记》就让徐州的云龙山闻名于世。

苏轼为徐州付出的心血天地可鉴。他任知州的两年间，当地百姓的生活环境越来越安定，生活条件也日渐丰裕，百姓对苏轼都心怀感恩，这位知州可以一呼百应。

苏轼感觉自己在徐州做事都能顺风顺水，便产生了一种错觉，以为自己这位"天涯倦客"终于可以在徐州停下漂泊的脚步，他甚至学习了徐州当地土话，也规划了自己在徐州的养老生活，谁知苏轼却遭朝臣诬陷，除去徐州知州被贬官到湖州。

在苏轼罢任取湖州时，徐州父老乡亲纷纷从四面八方赶来送这位父母官，他们捧着鲜花和美酒为苏轼送行祝福。苏轼早已习惯了分离，只是辞别徐州分外难舍，对于徐州百姓的深情他唯有诗词酬和。

江城子·别徐州

天涯流落思无穷！既相逢，却匆匆。携手佳人，和泪折残红。为问东风余几许？春纵在，与谁同？

隋堤三月水溶溶。背归鸿，去吴中。回首彭城，清泗与淮通。欲寄相思千点泪，流不到，楚江东。

四处漂泊的生活中总是缠绕着数不清的思念，既然缘分让我们相逢，为何却又要匆匆离别？

苏轼离开徐州的时刻，细数自己半生来的经历，似乎总是在相逢和别离中流转岁月，如今两鬓微霜却仍如无根浮萍漂泊不定。这一刻他觉得自己似乎注定该承受邂逅的喜悦和骤然分别的痛惜，就算心中埋怨命运为何会如此安排，也只能任由它将自己带向未知的某处。

在临别的路口，朋友和我心中有无数话语却无法开口，只能手牵着手对着即将凋零的花儿泪眼蒙眬。对于人来说，离别最是无情，就如同暮春的风吹落残花，不会管你心中有多么舍不得。用"残红"来写别离，平添了几分情意绵绵，也更加婉转哀怨。

花儿凋零春已残，苏轼突然想问问温柔的东风还剩下多少，问风也是问春，风儿不会回答他，春天要离开也不会告诉任何人，苏轼只有告诉自己：罢了，就算尚在春光里，就此一别，恐怕再也找不到能和我徜徉于春风中的朋友了。

离开徐州，前路漫漫，自己究竟会遇到什么事，又会与什么样的人相逢都不得而知。在分离的路口遥望前途，只有一眼看不到边的孤单，唯有与徐州人民共度的时光一直留存在记忆里，温暖那颗孤独的心。

心中纵有千万不舍，却也不得不踏上离开徐州的旅途。"隋堤三月水溶溶。背归鸿，去吴中"，苏轼沿着隋堤一路南行，看到三月的隋堤春水滔滔，一派春光明媚，鸿雁从北边归故居，而他的行程却与雁群相反，要离开徐州这片热土，南去吴中湖州。

隋炀帝大业元年（605），开通济渠，自西苑引谷水、洛水入黄河；自板渚引黄河入汴水，经泗水达淮河；又开邗沟，自山阳至扬子入长江，并且沿渠筑堤，在堤防上种植杨柳，后来人们称这条堤为"隋堤"。

唐朝白居易曾写下《隋堤柳》一诗："隋堤柳，岁久年深尽衰朽，风飘飘兮雨萧萧，三株两株汴河口"；唐朝刘禹锡也曾将隋堤写入自己的《柳絮》诗："何处好风偏似雪，隋河堤上古江津"；春风里的隋堤风光总是那么柔媚动人。

如今苏轼离开徐州走的就是隋河这段水路，沿途所见都是隋堤两岸的美景，旖旎春色和他心中的离愁形成鲜明的对比。在徐州的两年他早已将这里当作了自己的故乡，甚至还动了就在这里终老的念头，现在却因为朝廷的调令不得不离开。他觉得自己就是一只迁徙的孤雁，比起天上的雁群他更悲哀，因为他不知道会不会有再回归的那一天。

忍不住回头再看一眼徐州城，发现徐州的城墙在视线里已经渐渐模糊，流淌着的都是满心的不舍。一步一回首，苏轼想将徐州的点点滴滴都留在心里，最后所见却只是泗水和淮河连成了一片。不同的河流尚且能联通在一起，为什么我却要和深深热爱的徐州断了相聚的缘分呢？

他想要将自己的点点相思托付给清泗流水寄到徐州，让朋友感受自己的深深牵挂，无奈泗水东流到楚江，楚江一路向东流往湖州。流水终是无情物，载不动太多相思和离愁，当别离不可避免，也只能让所有的心事顺着浩浩春水而流，汇入江海的浩荡，化为绵长的浩叹。

苏轼之所以难舍徐州，除了对这片土地有着难以言表的热爱外，还因为他在徐州正是他在文坛之中名气越来越大的时期。

熙宁五年（1072），欧阳修去世，之后文坛盟主之名便落到苏轼头上。这期间他以中士鸿儒之冠为远近所知，深受整个学术界的尊敬景仰，前来徐州拜在苏轼门下的文士数不胜数。

苏轼将最得意的四个学生合称为"苏门四学士"，包括黄庭坚、秦观、晁补之、张耒等四人，其中秦观见苏轼时曾经说"我独不愿万户侯，唯愿一识苏徐州"，在他眼中，在徐州的苏轼就是最让人喜欢的样子。

每个人都被命运裹挟着一步步向前，时间永远不可逆转，犹如江水永远不会倒流，相思也好离愁也罢，终究只能随着命运的脚步前行。苏轼曾经意气风发，也曾看透世事，他的诗词或婉转或豪放或参悟，但是在离开徐州的这一刻，他忘记了自己文坛领袖的身份，也不去想世人对自己诗作的仰慕之情；他只是一个唱着离歌的天涯倦客，所唱的不过是自己最真实的心声。

聚散苦匆匆，思念无穷尽，苏轼将自己对徐州的所有留恋都融入山水景物之中。这种寓深情于景物的笔触一波三折，婉转悠扬，唐朝诗人李商隐惯用这样的写法，最具代表性的是他的《无题》："相见时难别亦难，东风无力百花残。春蚕到死丝方尽，蜡炬成灰泪始干。"他将积压在心中的愁绪寄予眼前所见百花，它们的凋零并非因为东风摧残，而是因为感知到"相见时难别亦难"的情绪。

苏轼很早就读过李商隐这首诗，当他告别徐州的这一刻，才对"相见时难别亦难"的无奈有了深刻的体会。虽然隔着时光，他眼中所见残红也如李商隐所见为了别离纷纷飘落，因为他的情真所以景更浓，情景交融之处，苏轼面对聚散的赤子之心让千百年后的读者也不禁为之动容。

第19章　只有多情流水伴人行

陆游曾经写过这样一句诗："山重水复疑无路，柳暗花明又一村。"当你走过山走过水越走越觉困顿之时，可否停下来想一想是不是情绪蒙住了你的双眼？只有当你超越自身情绪，才能迎来柳暗花明。

这做起来或许很不容易，也许穷极一生也无法达到那种境界，但又或许在某个时刻会突然顿悟。苏轼就是这样，他一直颠沛流离，前方的道路迷茫无踪，似乎他的人生就此走入了"山重水复"的困境，可就在他去往湖州的途中，因为一场雨发生了顿悟。

苏轼调职赴任，从徐州往南京，再向东南方进发，过淮水、泗水，经过金山、惠山、垂虹桥等胜迹，沿途故地重游，与旧友重逢，叹宦场沉浮自己四处漂泊，遥看前路一片茫茫，不知何处才是安生之所。他这一路走得异常困顿，在金山寺赠宝觉长老诗，写下"稽首愿师怜久客，直将归路指茫茫"这样的句子，足可见他当时的心境。

不过苏轼毕竟是苏轼，他从不让自己沉溺于负面情绪中，他一直在学习自我开解，大自然的日月、山水都可以成为他的老师。南行途中苏轼某一天雨后清晨乘马赶路，面对晴雨突然转换，他想透了究竟该如何超越困顿的情绪，这番顿悟的历程被他写入了《南歌子》这首词里。

南歌子

雨暗初疑夜，风回便报晴。淡云斜照著山明，细草软沙溪路马蹄轻。

卯酒醒还困，仙村梦不成。蓝桥何处觅云英？只有多情流水伴人行。

细雨蒙蒙，雨雾和天色连成一片，就好像天地间挂上了一层暗色的大幕，虽然已是破晓时分，但感觉已然入夜，直到清晨的微风吹开那层大幕，天空才又露出清新的晴空。

在苏轼的眼中，天地晴雨转变颇为巧妙，夜来阴雨连绵犹如人在梦中，待到晨风吹散了阴云，晴朗的天空其实早在这层夜幕的背后了。这幅画面暗合他目前的境遇，他时运不济犹如被蒙上双眼在黑暗中摸索，但心中相信夜幕的背后仍有晴空所在，只待一阵春风吹过。

苏轼被贬谪和王安石有莫大的关系，面对黑暗他希望"风回便报晴"的心境就如同王安石写下的"不畏浮云遮望眼"，都是在逆境中向往着云开雾散，即使为敌，但文学的表达形式仍能互通，文学的魅力正在于此。

清风过后朝阳透过淡淡的云彩斜斜地照在山间，把远远近近的山峰都给照亮了，因为雨水的洗礼，小草显得更加鲜嫩，细细密密地向路中央伸展着枝叶。溪边小径上的沙子更加柔软了，马儿在这样的路上行走，脚步越来越轻快。

阳光不是直接照耀在山间，而是透过云彩，就好像用轻云做了一层滤光的纱帘，更加显得清丽温柔。在这样的清晨上路，无论是马还是人，心情和脚步都一样轻快。

苏轼很喜欢在诗词作品中运用这样的语句，如他在《浣溪沙》中写道："软草平莎过雨新，轻沙走马路无尘"；又如在《浣溪沙·游蕲水清泉寺》中也写过："山下兰芽短浸溪，松间沙路净无泥"。这两句都与此处"细草软沙溪路马蹄轻"意境相似，无论何时在山野中行走，苏轼的脚步都是如此轻快，只是因为无论处于怎样的境遇中，他都能保持心底澄明，所以所见世界俱是清净无尘。

开篇苏轼便勾勒出一幅清新优美的山水图，乘马行走其间的那个人又该是怎样的状态呢？"卯酒醒还困，仙村梦不成"，这个人早上起床就喝了酒，此时虽然酒意渐渐退去却仍感到困乏，这种困乏倒不是因为旅途辛苦，只是因为昨晚在梦中寻不到仙村有些懊恼罢了。

　　此时的困乏和之前写下的"马蹄轻"形成了对比，这种困乏显然不是因旅途疲惫，而是因为梦中求而不得所以困顿，为直抒胸臆埋下了伏笔。"蓝桥何处觅云英？"仙村寻不到，那我要怎样去结识住在蓝桥仙宅里的仙女云英呢？原来所有的困顿都是因为自己心中成仙的愿望不可得而引起的。

　　唐人裴铏所作《传奇》之中，有一篇题为《裴航》的小说，书中说一位名叫裴航的秀才路遇樊夫人赠诗："一饮琼浆百感生，玄霜捣尽见云英。蓝桥便是神仙窟，何必崎岖上玉京。"后来裴航经过蓝桥，找一位老妇人讨茶水喝，老妇唤自己的女儿云英出来倒茶，结果云英与裴航一见钟情。裴航向老妇人求婚，老妇要裴航捣药百日。裴航依妇人所言，等他捣药刚满百日，妇人便做主将云英嫁给了他，后来夫妇两人双双成仙。

　　神仙缥缈逍遥令人向往，苏轼却明白这个梦根本不可求，既知道不可求为何还要提起，只是因为希望有人能帮自己从现实中超脱出来。

　　神话故事中描绘的是男女之情，苏轼心中想的却是知音难觅，他一直寻求超脱但不免仍然会对现实沮丧，如果能有知己帮助他超越自己不再为情绪所困，无疑就是助他入仙境一般。只是茫茫人世每人都要面对自己的功课，谁都不可能帮助别人解开情绪的束缚，若有大概就是梦中的仙人罢了。

苏轼明知仙人不可得，只能以流水之情聊以自慰。这一路上大概只有多情的流水陪伴我走下去了，想要解开情绪的枷锁只能靠自己。

唐朝诗人杜牧曾在他的《金谷园》一诗中写道："繁华事散逐香尘，流水无情草自春。"李白在《送殷淑三首》中也写道："流水无情去，征帆逐吹开。"白居易曾在《过元家履信宅》中写道："落花不语空辞树，流水无情自入池。"在这些诗人的诗句中，流水都是无情的，从不因为任何事任何人停留。

苏轼也曾经写道："无情流水多情客，劝我如曾识。"感受到流水无情是因为他们都用心灵去感悟世间，感知到万物运行的规律，而此时苏轼却分明感觉到流水其实很多情，所以才写下"多情流水伴人行"这样的句子。

流水是否无情全凭人的心意，当你对流水寄予过多的期望时，你自然会觉得它无情，因为流水既不能改变现状，也带不走哀愁；当你勘破世事，对于流水无欲无求时，你便会感觉它很多情，因为不管世间风云如何变幻，流水都会一直陪伴着你，只要你需要它就会在身边。

苏轼这首《南歌子》的结尾留下无穷的想象空间，与李煜笔下的"问君能有几多愁？恰似一江春水向东流"意境颇为神似，都是将自己的一腔愁绪托付流水，至于会被带向何方随缘而动，读来意味深长余韵不绝。

苏轼在湖州一共写过三首《南歌子》，除了这首"雨暗初疑夜"之外还有这样一首。

南歌子

山雨潇潇过，溪风浏浏清。小园幽榭枕蘋汀。门外月华如水，彩舟横。

苔岸霜花尽，江湖雪阵平。两山遥指海门青。回首水云何处，觅孤城。

这首同样也是从雨后小景着手，从潇潇春雨写到苕溪微微清风，勾勒出一幅雨后富春江风景图。如此良辰美景，词人和友人乘着彩舟赏月，因为明日就要分离，说不尽依依惜别的话语。苏轼希望友人走过的地方能少些艰难险阻和辗转曲折，能一路顺风顺水。词的最后同样将离愁寄托于流水，在水云相接的地方找寻彼此难忘的记忆。

另外一首《南歌子》看起来更轻快些。

南歌子

日出西山雨，无晴却有晴。乱山深处过清明。不见彩绳花板，细腰轻。

尽日行桑野，无人与目成。且将新句琢琼英。我是世间闲客，此闲行。

这三首《南歌子》都有一种绮丽的色彩，可以看出苏轼在婉转和豪放之间另有柔情似女子般的细腻。巧合的是这三首词都以描写晴雨变幻的句子开头，毛氏汲古阁本还给它们都加上了"寓意"的标题，觉得苏轼将自己遭遇仕途不顺的愤懑都融入其中。

其实写下这三首词后的那年七月初七，他还在湖州从容地曝晒图书字画，怀念新故的表兄文同，对于即将发生的"乌台诗案"一无所知，所谓的"寓意"应该只是附会。

连续写下三首描写晴雨变幻的《南歌子》大概是因为苏轼当时于困顿中突然顿悟，了悟世事沉浮如晴雨变幻一般总是在轮转，得意与困顿也一直会交替流转，面对太多的求而不得只能守住自己的心超越困顿的情绪，这条路上无人能帮你，能帮你的只有自己。正是因为有了这种顿悟，苏轼才能从容走过即将到来的艰难岁月，也才能在最困顿的时分写出最美的诗词。

第三卷

回首向来萧瑟处，也无风雨也无晴

第 20 章　拣尽寒枝不肯栖，寂寞沙洲冷

世界上最自由的是人的思想，而文字正是自由思想的表达，最富自由气息的代表之作便是《诗经》，它是远古时代伟大而自由的放歌。不过自由的只是文字，对于以文载道的文人来说却很难得到真正的自由，陈寅恪先生就曾说过："自由共道文人笔，最是文人不自由"，越是想用自己的笔主持公道提倡自由的文人越难得自由，几百年前的苏轼就对这句话有深刻的体会。

苏轼到湖州上任后，按照惯例向神宗皇帝写了一篇《湖州谢上表》，而后便去巡察各县了解民情去了。他了解到湖州盛产水稻，各地往往因为争夺水源发生纠纷，便着重考察水利，处理几起争水引起的官司，这一去便是一个多月。

而此时京城里因为他上呈的《湖州谢上表》掀起了一场风波，朝廷当权派觉得他的到任谢恩奏章上说了过分的话。本来像这样的谢恩表只是例行公事感谢皇恩浩荡就行了，然而苏轼的天性中有疾恶如仇的成分，遇到小人则"如食中有蝇，吐之乃已"。他在奏章中写道："伏念臣性资顽鄙……知其愚不适时，难以追陪新进。察其老不生事，或能牧养小民。"

"新进"一词在王安石口中是指突然升迁的无能后辈，追随王安石的李定、舒亶等人认为苏轼意有所指，暗示如今在朝廷为官的必然会惹是生非，便将他视为眼中钉。

王安石阵营迅速悄悄为苏轼量身编织了一张罪恶之网，要将他以及支持他的人一网打尽。首先，一位御史把《湖州谢上表》中的几句挑出来，弹劾他藐视朝廷；数日之后，舒亶又找了几首苏轼的诗词，内容是关于农人青苗贷款以及农人三个月无盐吃的，甚至还找出苏轼写的关于燕子与蝙蝠的寓言说他讥讽朝政。

他们认为苏轼作为朝廷官员写这样的诗不但考虑欠周，也是不忠于君，并随同弹劾奏章附呈上苏轼刊印的诗集，而当时身为御史中丞的李定也随后上了一表，陈述四个理由，说苏轼必须因无礼于朝廷而被斩首。

古代学士在措辞造句上发明出各种难以捉摸的表现手法，阅读者也乐于以自己的理解在字里行间寻求含义。诗词来诽谤作者不忠可以说是"欲加之罪何患无辞"。当时神宗皇帝颇为敬重苏轼的才学，无意杀害他，但是迫于御史弹劾的压力，也只得批准将苏轼押解来京调查。

苏轼的弟弟知道了这个消息，赶在使者到湖州之前通知了苏轼。当官差到湖州之时，苏轼已经有条不紊地安排好了自己工作的继任者，并且也安抚好了家人的情绪。当他跟着官差启程之时，老百姓十里长街送行，据府志记载，当时送别的人群纷纷泪如雨下。

到京城后，苏轼便被关入御史台的皇家监狱，对他前后审问了四十几天。审问中苏轼承认他在杭州附近村庄巡察时写下的那几首诗确实对农民食无盐曾出怨言，也对青苗贷款之弊端语出讥讽，但是弹劾他对君不忠则纯属子虚乌有。

审问一直持续到十月初，李定一伙不仅给苏轼罗列多项罪名，还牵连了无数支持他的人，甚至包括当朝驸马王诜，因为他和苏轼曾经多次互赠礼物。

本来神宗皇帝对于弹劾苏轼的罪名将信将疑，但在李定和舒亶呈上的大量证据面前，感情的天平也渐渐发生了倾斜，也有意严惩。此时苏轼以为自己必死无疑，还给弟弟和妻儿分别写下了两首绝命诗，在诗中悲情地写道："是处青山可埋骨，他年夜雨独伤神。"

幸而当朝太后一直喜爱苏轼诗文，在重病弥留之际替苏轼求情，又因为太后去世遇国丧得大赦天下，苏轼才得以保全性命。当时苏轼被关押的御史台监狱被称为"乌台"，历史上便将整桩案件称为"乌台诗案"，整个案件中共有二十九位苏轼的朋友受到牵连，他的弟弟也被降职，调到筠州任酒监。

　　苏轼被皇上贬去黄州充当团练副使，并且无权签署公文，也不得擅自离开这个地区，相当于软禁在黄州。

　　黄州是长江边上的一个穷苦小镇，在汉口下面大约六十里地。苏轼初到黄州时暂时住在定慧院，这个小寺院坐落在林木茂密的山坡上，刚刚出狱不久的苏轼惊魂未定，再加上家眷还未来到此处，所以更觉心境孤寂。

　　某一个明月当空的晚上，独居于寓所的苏轼见到孤鸿来访，顿生"同是天涯沦落人"之感，压抑在胸中的悲愤喷涌而出，一挥而就写下一首《卜算子·黄州定慧院寓居作》。

卜算子·黄州定慧院寓居作

　　缺月挂疏桐，漏断人初静。谁见幽人独往来，缥缈孤鸿影。

　　惊起却回头，有恨无人省。拣尽寒枝不肯栖，寂寞沙洲冷。

　　仰头望天，残缺了一角的月亮挂在枝叶稀疏的梧桐树梢，计时的沙漏已经停止了流动，这时分人才刚刚平静下来。

　　苏轼刚刚在鬼门关走过一遭，现在虽然稍微安定下来，但看眼前这个世界，处处尽是残缺不圆满，抬头望天不再是朗月当空月色如银，而是残缺地从稀疏的梧桐树之间透出清辉，在他的笔下月儿也是知趣的，大概也是能感受到他心里的孤独凄清。

这样幽静的夜晚，还有谁和我一样独自在月光下徘徊？此时突然感觉来来去去的身影仿佛天边离群的大雁。

据史籍记载，初到黄州的苏轼，"郡中无一人识者"，"亲友至于绝交，疾病连年，人皆相传为已死"，其处境的寂寞、艰辛，内心的抑郁苦闷可想而知。然而此时此刻，苏轼的心里仍怀抱着满腹才华和远大志向，又与孤高的大雁何其相似。

三国魏阮籍《咏怀诗》中写道："孤鸿号外野，翔鸟鸣北林。"唐代张九龄的《感遇》中也写道："孤鸿海上来，池潢不敢顾。侧见双翠鸟，巢在三珠树。"

这些诗中都将"孤鸿"当作孤单的象征，当"孤鸿"和"幽人"两个意象叠加在一起，缥缈无踪的人生困境被刻画得更加入木三分，而诗句中的"影"字用得极妙，于困顿的缝隙里仍能寻见超凡脱俗的孤高飘逸的影踪，足见苏轼的情怀之高远。

苏轼在月光下徘徊，他的影子惊扰了孤雁，它慌乱飞起后还频频回头看看究竟发生了什么，谁人能懂它此时心中的幽恨呢？大概只有惊扰了孤雁的那个孤独的词人吧。

此刻苏轼因孤雁回头牵起了心中的种种隐痛忧思，更是懂得了孤雁的幽恨正如此刻自己的心情，惊恐、寂寥交织在一起，心中的痛楚已无法言说。

孤燕飞起，它掠过寒夜里一条条树枝都不肯停歇，最后倔强地宿于寒冷荒凉的沙洲，独自度过寂寞的夜晚。

寒冷的，仅仅是沙洲和梧桐枝吗？有恨的，究竟是"孤鸿"，还是"幽人"？

词的上阕孤鸿见人月影下独徘徊，下阕人见孤鸿不栖寒枝，缥缈深夜里唯有一人一孤鸿心意相通，宁愿独自幽居，也不愿与世俗同流合污，俯仰天地间，自有一番奇志在心头。

隋朝李元操在《鸿雁行》一诗中曾写道："夕宿寒枝上，朝飞空井旁。"有人据此说苏轼"拣尽寒枝"这句有语病，其实李元操诗中所写只是大雁的普遍规律，雁群中难保不会有一两只与众不同的。《左传·哀公十一年》中曾写道："鸟则择木，木岂能择鸟。"纵然都为鸟，总有良禽择木而栖，而苏轼正是那只"拣尽寒枝不肯栖"的孤鸿。

李定、舒亶之流曾在苏轼诗词中寻找各种指控他的证据，比如苏轼有一首写两株老桧树的七律，诗中写道："根到九泉无曲处，世间惟有蛰龙知。"他们便说苏轼应该说有龙在天，而不应说在九泉地下，如此写是对正在位的皇上大不敬。

他们还找出苏轼写的"生而眇者不识日"这样的诗句，指控他讽刺科举考生的浅陋无知。

另外，苏轼在他写的一首牡丹诗中叹造物之巧能创造出品种繁多的牡丹，也被说成是他在讽刺当政者制定苛捐杂税之多。

连苏轼在《后杞菊赋》中写到吃杞菊的苦种子，也被说成是对朝廷官吏薪俸微薄的不满，如此牵强附会数不胜数，目的不过是置苏轼于死地而后快。

苏轼因文字天下闻名，又因文字获罪落到"寂寞沙洲冷"的处境，但他不改初衷，仍然坚持用文字来表达自己自由的思想；他为人正直有操守，为官坚持自己的政治立场，在欧阳修死后，新旧两党都将他排斥为异己，所以才会有"乌台诗案"的迫害，在生死之间历经煎熬他仍不愿放弃自己的政治立场。

这样的坚持比起单纯的自怜自叹实在高明了许多，难怪黄庭坚盛赞此词："语意高妙，似非吃烟火食人语。非胸中有万卷书，笔下无一点尘俗气，孰能至此？"在他的眼中，苏轼差不多是不食人间烟火的神仙了，其词其志的高度无人能及。

第 21 章　似花还似非花

人生天地间，与万物皆有千丝万缕的联系，正是人与万物共舞才能催发出千种诗情，用诗词咏物根据境界不同又分为三个层次。第一层便是看山是山看水是水，如贺知章的《咏柳》："碧玉妆成一树高，万条垂下绿丝绦。不知细叶谁裁出，二月春风似剪刀。"诗中将柳树的形态描绘得惟妙惟肖精准到位，虽然简单明快，但柳树只是柳树，读后余韵不足。

第二层便是看山不是山看水不是水，如虞世南的《蝉》："垂緌饮清露，流响出疏桐。居高声自远，非是藉秋风。"诗中借蝉的形象来表达居高声远的品质，此时的蝉已不再是原来的蝉，借助比喻的手法被赋予了新的含义，但是在这层，诗人和所咏之物还是泾渭分明，你是你，我是我。

第三层便是看山还是山看水还是水，但是此山此水又被诗人赋予了灵魂，达到物我合一的新境界，诗词写到这一层便算是最高境界了。这样的代表作细数下来并不多见，苏轼在黄州写下的一首《水龙吟》当属其一。

苏轼死里逃生，在黄州安定下来以后，他开始于困顿的生活中深思人生的意义。此时他感觉自己的生命犹如爬在磨盘上的蝼蚁，又如旋风中的羽毛早已身不由己，难道这一切是自己个性使然，还是因为以前太肆意挥洒自己的才情？他的磨难因诗文而起，似乎不再写诗便能安宁度日。

此时苏轼看到远方的朋友章楶（字质夫）写下了一首咏杨花的《水龙吟》："燕忙莺懒芳残，正堤上柳花飘坠。轻飞乱舞，点画青林，全无才思。闲趁游丝，静临深院，日长门闭。傍珠帘散漫，垂垂欲下，依前被、风扶起。兰帐玉人睡觉，怪春衣雪沾琼缀，绣床渐满，香球无数，才圆却碎。时见蜂儿，仰粘轻粉，鱼吞池水。望章台路杳，金鞍游荡，有盈盈泪。"此词婉约瑰丽，苏轼读到甚是欢喜。

不写诗，日子确实安宁许多，但是苏轼的心一刻也不曾安静下来。朋友的这首绮丽杨花词更是让他心痒难耐，忍不住提笔和了一首《水龙吟·次韵章质夫〈杨花〉词》。

水龙吟·次韵章质夫《杨花》词

似花还似非花，也无人惜从教坠。抛家傍路，思量却是，无情有思。萦损柔肠，困酣娇眼，欲开还闭。梦随风万里，寻郎去处，又还被、莺呼起。

不恨此花飞尽，恨西园、落红难缀。晓来雨过，遗踪何在？一池萍碎。春色三分，二分尘土，一分流水。细看来，不是杨花，点点是离人泪。

名为花又最不像花的正是杨花，它就算纷纷从枝头坠落飘零也无人怜惜。在古诗中一般用杨花指代柳絮，也有诗人将柳絮称为柳花，晋朝伍辑还写过《柳花赋》，但大多数人还是认为柳絮非花。

杨花漫天飞舞，恰似在春光里举行一场盛大的花事，不管它在空中如何招摇，人们却只记得住它的本质，所以它的坠落从不惹人怜惜。世间惜花之人甚多，惜杨花之人又有几何？

写下这一句的苏轼大概是为数不多的人中的一个，他怜杨花并非因为怜它的坠落，而是怜惜它在"似花"和"似非花"之间飘摇。苏轼现在的境况就如同杨花一般，新党旧党都容不下他，任他在五湖四海漂零而无人怜惜。

杨花纷纷告别自己在枝头的家上路，看上去似乎无情，但是其中的左右思量一言难尽。

有人说杨花无情，如韩愈在《晚春》诗中就写道："杨花榆荚无才思，惟解漫天作雪飞。"有的人又说杨花有情，如杜甫在《白丝行》中写道："落絮游丝亦有情，随风照日宜轻举。"

苏轼却觉得杨花"道是无情却有情"，因为他也是身世飘零少小离家，但是家乡夜夜入梦来，百转千回思念一刻也未曾放下，那种无奈那种离愁不细细体会又怎么能明白？

飘忽迷离的杨花看上去又像多情的美人，温柔的心肠被离愁苦苦折磨，眼睛却被春梦缠绕，想要睁眼醒来却又沉入梦乡。

在苏轼眼里，"有思"的杨花又化为思亲妇人，因为思情缠绵，不管是醒来还是梦里都在备受煎熬。随风飘扬的杨花像极了妇人袅娜的身姿，而她的思念之情也如杨花时起时落一样浮浮沉沉，究竟这样的思情系于何处呢？

在梦里，她已随风飘过千万里飘到自己丈夫那里，偏恨屋外早莺一声啼叫，将她从梦中唤醒。

杨花随风飘飞可以飘过千万里，美人的思念之情在梦中可以去往自己想抵达的地方，只是这样的梦虽美好却太脆弱，只是轻轻一声莺啼，美梦就会破碎。

词的上阕词人一会儿是思归的天涯游子，一会儿又是思念游子的佳人，这样的角色互换苏轼在梦境中大概曾无数次经历过，醒来的痛楚也常常让他愁上加愁，到这里已经分不清楚，究竟是要借杨花来写美人的哀愁还是用美人来比喻杨花。结果词人笔锋一转，将思绪又拉回到杨花本身。

我从不会因为杨花飞尽而遗憾怨恨，恨只恨，这西园满地的落花不能再重新点缀枝头。说是"不恨"，但是苏轼心中难耐愁思翻涌，满地落红无人收拾，正说明了杨花不被人怜惜的遭遇，苏轼心中的幽恨和满地落红惺惺相惜，都一样无处安放。

"晓来雨过，遗踪何在？一池萍碎"，拂晓的春雨过后，那些随风飘舞的柳絮为何不见了踪影？唯留一池凌乱的浮萍。

满天飞絮真的能化作一池浮萍吗？显然不可能，苏轼只不过怜惜杨花，不忍见它凭空消失所以这样来安慰开解自己。那一池破碎的浮萍究竟是不是柳絮化来的并不重要，重要的是柳絮如果无踪影，那么大好春光也会一去不复返了，从枝头坠落的不仅是杨花，春色也将要坠落了。

春色究竟去哪里了？两分随落花入了尘土，一分随流水而去。杨花就好像春天的代言者，当飞絮从枝头坠落，春光便被分成了三分，三分之二委身于尘土，三分之一随流水而去。

苏轼在春色里细细计算春天的流逝，算得那么细就像一位精明的商人，只因他的心中有太多的怜惜，怜花怜水怜春光，所有的斤斤计较不过都是因为心里承载了太多的舍不得。

"春色三分"这样的写法很是新颖独特、别出心裁，但也并非苏轼首创，唐代徐凝在《忆扬州》一诗里就曾经写过："天下三分明月夜，二分无赖是扬州"；南唐李煜在《浪淘沙令》里也写道："流水落花春去也"。苏轼将这两种诗意结合起来，将春光两分付尘土，一分付流水，是不是如此精确地知道最终春归何处，那种无可奈何的清愁就会少许多？

再细看那些飞絮，哪里是杨花？分明是离人的眼泪在漫天飞舞。

从杨花到思妇，再到春光，最后苏轼又将思绪拉到思妇的境界，一波三折，荡气回肠。年年春去年年归，满天飞絮仍会如约扬起，唯有苏轼的这声叹息穿越悠悠岁月回荡在每个暮春里。

"次韵"是古体诗词写作的一种方式，按照原诗的韵和用韵的次序来和诗。苏轼被朋友章楶咏杨花的词打动，依其韵填作这首《水龙吟·次韵章质夫〈杨花〉词》，写完后便将词寄给章楶，随词还寄了一封《与章质夫》的信件。

在信中，苏轼写道："《柳花》词妙绝，使来者何以措词。本不敢继作，又思公正柳花飞时出巡按，坐想四子，闭门愁断，故写其意，次韵一首寄去，亦告不以示人也。"他特意告诉章楶不要把他这首词给别人看，但是章楶觉得苏轼这首《水龙吟·次韵章质夫〈杨花〉词》称得上是千古绝唱，顾不上他的叮嘱，将此词与众人欣赏。

章楶写杨花观察细致想象丰富，又巧用典故，写来形神兼备轻灵生动，深得当时文人的推崇，盛传一时，但是仍然没有跳出咏物写景的旧有框架。而苏轼的次韵之作，以独特的视角将咏物与写人结合起来，词人时而为杨花，时而为思妇，时而为春光，达到了情景交融物我一体的境界。所以王国维在《人间词话》中评价道："东坡'水龙吟'咏杨花，和韵而似原唱；章质夫词，原唱而似和韵。"

这首《水龙吟·次韵章质夫〈杨花〉词》的和词不仅超越了原唱，更是将咏物词发挥到了极致，达到了咏物的最高境界。在历代咏物诗词作品中，能称得上最高境界的除了苏轼的这首词，还有史达祖的《双双燕·咏燕》和王沂孙的《齐天乐·蝉》。

在《双双燕·咏燕》中有"差池欲住，试入旧巢相并。还相雕梁藻井。又软语、商量不定"这样的词句，北归的双燕就像一对小夫妻居家度日颇有情趣。

在《齐天乐·蝉》中写道："怪瑶佩流空，玉筝调柱。镜暗妆残，为谁娇鬓尚如许。"在词人的笔下，蝉幻化成一位素腰悬佩悠然弄筝的女子，这两种写法都和苏轼咏杨花词的意境相通。

近代词学家顾随先生认为："赋物之作最怕赋物不成，然而最怕赋成只是个物，最好赋成似此物而又不全是此物，赋此物的灵魂，使所赋之物是物那样的人，而人又似那样的物。"章楶咏杨花只是赋予杨花的形态，杨花还是杨花，而苏轼咏杨花，却让杨花有了人的灵魂，读到最后分不清究竟是杨花漫天飞舞撩人愁思，还是离人的眼泪惹人怜惜，这种"似花还似非花"的感觉当属艺术的最高境界。

第 22 章　一蓑烟雨任平生

　　《孟子·离娄下》曰："大人者，不失其赤子之心者也"；袁枚说："诗人者，不失其赤子之心"；又有王国维补充道："词人者，不失其赤子之心"。孟子所说的意思是作为成年人不要失去天真无邪的童真，而袁枚和王国维所说是指古今诗词大家都具有真性情。

　　不管阅世深浅如何，始终性情直率，而所写诗词也无雕琢附会痕迹，如陶渊明在《归去来兮辞》中写道："既自以心为形役，奚惆怅而独悲？悟已往之不谏，知来者之可追。实迷途其未远，觉今是而昨非。"

　　陶渊明就像一个孩子，用纯真的眼神打量着这个世界，看懂了世道无奈之后平静而自然地归去。如果说他是怀有赤子之心的诗人代表，那么苏轼就是怀有赤子之心的词人代表。

　　苏轼是陶渊明的忠实粉丝，并且他和陶渊明有相同的遭遇，同样因为率真的性格不容于官场；不同的是陶渊明是干脆辞官而去，苏轼却是死里逃生被贬到黄州，担任职位低微的团练使。

长期以来读书、做官都是苏轼赖以谋生的手段，如今官俸微薄入不敷出，一家老小的生活就成问题了，无论想出多少法子来缩减用度，仍面临吃不饱穿不暖的局面。苏轼一筹莫展之际，突然想到他的偶像陶渊明弃官归隐躬耕于乡野，不仅解决了生存问题，还因而成了"古今隐逸诗人之宗"，于是便想到了要拥有一块土地，效仿陶渊明自给自足。

当他把自己想躬耕田园的想法和自己的患难之交马正卿说起时，马正卿听完赞道："卿真有陶潜之风也。"之后便帮着苏轼数度奔走托亲告友，当时任黄州知州的徐君猷敬佩苏轼的人品和才学，特地拨给苏轼一块废弃的驻军营地。

这块地占地约五十亩，位于东门之外的小山坡上，因为荒废多时，所以荆棘丛生瓦砾遍布。苏轼带领一家老小披星戴月开垦这块荒地，当完成土地改造之后，他又根据其地势和光照特性，量身定制种植方案，除了种上水稻、麦子和各色蔬菜解决一家人的口粮，还有规划地陆续种上了枣树、桑树、栗树、松树、橘树等，品种繁多，昔日贫瘠荒凉的土地呈现出郁郁葱葱的生机，俨然成了苏轼的专属农场。

每一个失意的人都应当去亲近土地，苏轼此时已脱去文人的长袍，摘掉文人的方巾，改穿农夫的短褐子，日日田间劳作看上去无比辛苦，但他心里收获了难得的平静。

东门之外的这一片坡地于他而言就是乐土，凑巧的是唐朝诗人白居易曾经也在忠州城外的山坡上拥有自己的一片乐土，还写下过"何处殷勤重回首，东坡桃李种新成"这样的诗句，苏轼便将自己耕作的这一片土地以"东坡"命名，而自己也以"东坡居士"为号。

变身为"东坡居士"的苏轼表现出了对土地前所未有的热爱，除了这块坡地，他又到黄冈东南处的沙湖购买新的农田。元丰五年（1082）三月七日，苏东坡前往沙湖相看自己新买的田地，途中突遇暴雨，同行带有雨具的人都先走了，剩下的或仓皇疾行或四处躲雨，只有苏轼一个人不紧不慢地在雨中边吟诵诗句边漫步，一直走到天色放晴。此番风雨给了他无限灵感，酿就了豪迈的诗情。

定风波

（三月七日，沙湖道中遇雨。雨具先去，同行皆狼狈，余独不觉。已而遂晴，故此作词）

莫听穿林打叶声，何妨吟啸且徐行。竹杖芒鞋轻胜马，谁怕？一蓑烟雨任平生。

料峭春风吹酒醒，微冷，山头斜照却相迎。回首向来萧瑟处，归去，也无风雨也无晴。

苏轼在大雨中行走，全身已被淋湿了，他反而看开了，在大雨中走十米也是落汤鸡，走一百米也是落汤鸡，与其受风雨声惊扰而狼狈奔跑，还不如保持从容的脚步在雨中吟诵诗句。他不愿下雨这件事影响自己行走的态度，边走边提醒自己不要听风雨打在树叶上的声音，那种声音只会打乱你行走的节奏。

拄着拐杖穿着草鞋在雨中前行，比骑马还要轻快，谁会怕这些突如其来的风雨呢？给我一件蓑衣便可以在余生出没于任何烟雨中。

苏轼写的是大自然的风雨，实际上心中所想的是他人生所经历的风雨，以前官职略高出行都会骑马，肯定也遇到过风雨中马儿乱了阵脚的狼狈；此番拄拐杖穿草鞋雨中前行，竟然突然感觉到从未有过的轻快，这便是无官一身轻的踏实感。

放下即是解脱，没有官职在身的苏轼仿佛又回归了年轻时的意气风发自信满满，放空了自己觉得没有什么不可失去的，也便有了搏击风雨笑傲人生的豪迈之情。

谁说人生的成功一定是功成名就？面对人生的风雨依然能保持自我本色便是最大的成功。而苏轼不畏风雨的唯一屏障便是他心底的信念，那也是他穿越风雨的"蓑衣"。

陆游曾在《题绣川驿》中写道："会买一蓑来钓雨，凭谁先为谢沙鸥"；又在《舟过小孤有感》中写道："商略人生为何事？一蓑从此入空蒙"。他和苏轼一样都是仕途不得志之人，郁郁不得志之时他和前辈苏轼隔着时空对话，说不清楚究竟是不是苏轼为他披上了那件穿越风雨的"蓑衣"，唯一可以肯定的是苏轼面对风雨的旷达深深地影响了陆游。

苏轼作词如说书老者一样，一般都是开头娓娓道来，到下阕才会直抒胸臆。而这首《定风波》他选择上阕就让自己的旷达豪放之情奔腾起来，一番疾风骤雨过后，无论是天气还是胸怀都慢慢地舒缓下来。

行走到半路雨过天晴了，略带着寒意的春风吹在身上，让人从酒醉微醺中醒来，突然觉得身上有些发凉，不过此时太阳已从前方山头的云缝间斜斜投射下光芒，就好像是准备好迎接我的到来。

苏轼是乐观的，他觉得人生的风雨就和在大自然中遭遇的风雨一般，只要挺过最艰难的时刻，一切都会好起来，风雨退去也该是阳光相迎的局面了。

初到黄州的他不就正如被大雨淋湿一般狼狈吗？而当度过那段艰难时日之后，现在他已经能在黄州扎下根来，他相信黑暗之中一定能窥见微微的曙光，而他冰冷的心也终将被阳光温暖。

前方斜阳相照一片晴好，回过头再望一眼刚刚走过的潇潇风雨，坚定地向前走去，就当从未曾经历过风雨一样。内心一片澄澈，既没有风雨中的沮丧，也没有艳阳下的雀跃。

自然界的雨晴转换依据一定规律循环，而宦途中所遭遇的风雨会不会有雨过天晴的那一天呢？苏轼看似边走边思考，这其实正是他人生态度的写照，他将人生的浮沉淡然地看作风雨，面对祸福交替大多数人或选择疾行或选择躲避，只有他不为外物外境所动，浮浮沉沉之间仍然保持着自己的秉性。

黄庭坚说："病人多梦医，囚人多梦赦。"被风吹雨打的人一定特别盼望晴天吧？苏轼则想得更深，在他的心里风雨吹打没有留下任何痕迹，所以也不会因为晴天的到来而特别欢喜，而要想真正在政治上达到"也无风雨也无晴"的境界，唯有"归去"。

此"归去"和陶渊明在《归去来兮辞》中写到的"归去"有异曲同工之妙，但也略微不同，他并不打算从此归隐乡野不问世事，而是看淡。

黄州让苏轼体会到了生活的困顿艰辛，同时也激发了他旷达的情怀，苏轼不再名为苏轼，而成了怀有赤子之心的"东坡居士"。

沙湖此行更是让苏轼从大自然中得到了启示：没有一成不变的天气，所以也不可能有一帆风顺的境遇，既然如此又何必去计较各种得失，只有不以物喜不以己悲才能在风雨中从容前行迎向阳光。

路途遇雨不过是平常生活中最寻常的事情，苏轼却能在寻常事物中见出奇景，于简朴中悟出深意。日常形象和深邃的哲理有机地融合在一起，这是一种天人合一宁静超然的大彻大悟，可以将读者也带到宠辱不惊旷达潇洒的境界。

《定风波》是苏轼词作上的一道分水岭，以前他或许稍有领悟，但是从现在开始他突然大彻大悟，之后他的词作也便充满了超脱世俗的旷达豪迈。

写下《定风波》之后，苏轼因为在沙湖淋雨生病，他在麻桥医生庞安常处留住数日。医生以针灸之术治好了他的病，病好后，苏轼陪同医生游览清泉寺，又写下一首《浣溪沙》。

浣溪沙

（游蕲水清泉寺，寺临兰溪，溪水西流）

山下兰芽短浸溪，松间沙路净无泥。潇潇暮雨子规啼。

谁道人生无再少？门前流水尚能西！休将白发唱黄鸡。

苏轼劝慰朋友也劝慰自己，不要像古人那样徒然哀叹岁月流逝，空为衰老而伤感。词中不服老积极向上的精神跃然纸上，这首词正是苏轼心中"也无风雨也无晴"最好的佐证。

第 23 章　江海寄余生

《庄子·列御寇》有这样一句名句："巧者劳而知者忧，无能者无所求。饱食而遨游，泛若不系之舟，虚而遨游者也。"每个人被命运裹挟着前行，谁都希望自己的生活如"不系之舟"无拘无束地遨游于命运之外，"小舟"的意象往往被当作追求自由的象征。

唐代大诗人司空曙就留下了名句："钓罢归来不系船，江村月落正看眠"；还有李白写下的"人生在世不称意，明朝散发弄扁舟"；韦应物的"野渡无人舟自横"。诗词中自由的"小舟（船）"代表着给内心松绑，但若论起"小舟"这个意象用得最好的诗词，自然少不了苏东坡在黄州写下的《临江仙》。

苏东坡在东坡农场盖了五间房，在房屋的四面墙壁画上雪中寒林和水上渔翁，在大门之上亲自手书四个大字："东坡雪堂"，作为他宴请同道好友的所在。

大山水画家米芾就是在雪堂认识的苏东坡，他曾经与苏东坡在雪堂彻夜论画，还有诗僧参廖去看东坡，在雪堂住了差不多一年光景。

如果要用一句话来形容东坡雪堂，刘禹锡写的"谈笑有鸿儒，往来无白丁"再合适不过了。在艰难的岁月里，东坡雪堂就是苏东坡为自己打造的一座伊甸园。

东坡雪堂里的苏东坡是真正耕作的农夫，他日日来往于临皋亭和雪堂之间自得其乐，此时陪伴在他身边的妻子王闰之也特别贤惠，他在困顿中渐渐品尝到心灵自由的欢愉。

在这样的农村田园气氛里，苏东坡觉得自己的生活越来越有田园诗人陶渊明的味道。他将陶渊明的《归去来兮辞》重组，耕作时照民歌的调子唱出来，还教给周围的农夫唱。他自己则拿着一根小棍，边耕作边在牛角上打拍子，和农夫们一起且歌且乐。

在雪堂的墙上，他还写了三十二个字给自己昼夜观看，也向人提出四种警告：出舆入辇，蹶痿之机；洞房清宫，寒热之媒；皓齿蛾眉，伐性之斧；甘脆肥酽，腐肠之药。人世间很多追求其实都是多余的，能够简单生活的人才是幸福的人。

苏东坡的精神得到了自由便完全松弛了下来，他经常和一帮朋友在雪堂喝到大醉而归。又一个深秋之夜，苏东坡和一帮朋友在雪堂开怀畅饮，直喝到夜深兴尽才各自归家，等他回到临皋亭的住所时，却发现家人俱都熟睡叫不开门，于是信步徘徜到江边，独自欣赏"江面际天，风露浩然"的景象。

临江仙

　　夜饮东坡醒复醉，归来仿佛三更。家童鼻息已雷鸣。敲门都不应，倚杖听江声。

　　长恨此身非我有，何时忘却营营？夜阑风静縠纹平。小舟从此逝，江海寄余生。

　　东坡雪堂于苏轼而言是一块难得的乐土，在那里他可以肆意开怀畅饮，尽情挥洒豪情。苏轼在人前一直保持着旷达乐观的心态，是因为他要为自己的家人撑起一片天，但他内心很多的无奈无处安放，他太需要一个精神世界的栖居之地，只有在那里他才能不管不顾地做自己。等他将心内的惶恐沮丧全都释放在雪堂，他才能再次戴上面具继续穿越风雨。

　　所以很多时候苏东坡都沉醉于在雪堂大醉的那种状态中，即便酒醒又将自己喝酒，如此醉了醒，醒了醉，一直可以喝到三更半夜。

　　踩着跌跌撞撞的醉步走到寓所门口，看门的童子已经酣睡如泥，门内传出雷鸣般的鼾声，无论如何敲门都叫不醒他，更别说来开门了，无奈之下，苏轼只有挂着拐杖站在门口听滔滔江水声了。

韩愈在《石鼎联句诗序》中记载：道士轩辕弥明为进士作完一首诗后，即刻倚墙而睡，"鼻息如雷鸣"。此处化用这个典故，一个襟怀旷达极具"道家做派"的苏轼就要登场了。

他就算醉眼惺忪，也不会因为叩不开家门而暴跳如雷，反而带着醉意静静地听着江水流动的声音。此时他的内心一片澄明，鼾声如雷和江水滔滔都不能打扰世界的静谧，正好让自己的思绪随着江水奔涌，细数这些年来宦海浮沉的得失。

静夜适合回忆，最好是喝点小酒，昔日的光阴就会如电影片段般在心头——闪现，心因为回忆而安静下来，均匀的鼾声和滔滔水流声只会让世界显得更安静。这种意境和王籍所写的"蝉噪林逾静，鸟鸣山更幽"有异曲同工之妙。

在此意境之中，苏轼忍不住喟然长叹："长恨此身非我有，何时忘却营营？"道家常说人的身体并不属于自我所有，这么多年的宦海生涯让苏轼深有体会，常常抱怨自己身不由己，无法摆脱各种束缚，不知道什么时候才能不为功名利禄奔走劳神。

庄子说过"汝身非汝有也"，又说"全汝形，抱汝生，无使汝思虑营营"，这些句子以透彻领悟的哲理看透人生，对于人的存在还有宇宙和社会的关系提出质疑，又对人无处所依发出悲叹。

在这样的夜晚，苏轼也同庄子一样展开了对于人生的思索，同样得出了自我无法掌握命运的结论，但他不愿悲鸣，只是淡淡地感叹一句"夜阑风静縠纹平"。此时夜已深沉，江风似乎也停了下来，江面上波澜不惊，只有细小的涟漪在轻轻地荡漾。

都说平静如水，谁又曾想过水面的平静是经历无数次惊涛骇浪后磨炼出来的波澜不惊？

苏轼向往宁静安谧的理想境界，仍不可避免要接受风浪的洗礼，各种情绪在心里矛盾地冲撞。他超越这种痛苦的解脱之道便是向江河学习，让所有惊涛骇浪在心里不留下些许痕迹。

这时的他已不仅是在思考人生了，而是总结出了自我开解之道，当他终于超越心灵的痛苦，他想做一件最浪漫的事情："小舟从此逝，江海寄余生"。他要驾着一叶扁舟随波而去，任它东西南北随意漂泊，在浩瀚的江湖中度过自己的余生。

孔子曾经说过："道不行，乘桴浮于海"，主张的行不通了，就坐木排到海上漂流去。在此良辰美景，立于江边的苏轼又与千百年前的孔子心意相通，既然已经看透无法主宰自己的命运，还不如将有限的生命融化在无限的大自然之中，追求合乎自然的精神自由。

写下这首词后，满城居然谣传苏东坡挂冠服于江边顺流而下逃走了。这谣言传到知州徐君猷耳朵里他又惊又怕，因为他有职责监视苏东坡不得越出他的辖境去，于是赶到苏东坡寓所去看，却发现苏东坡睡得正香。关于他逃跑的谣言可能都是因为他写下的"小舟从此逝，江海寄余生"而起的。

李泽厚先生曾说："苏轼一生并未退隐，也从未真正归田，但他通过诗文所表达出来的那种人生空漠之感，却比前人任何口头上或事实上的退隐、归田、遁世要更深刻更沉重。"

因为他所表达出来的退隐不仅是政治上的退避，而且是一种对于社会的退避，当他终于驾起命运的"小舟"穿越风雨时，也便完成了对于命运束缚的大逃亡。

这条逃亡之路苏东坡并不孤单，陶渊明曾经成功地获得自由，写下了《归园田居》："少无适俗韵，性本爱丘山。误落尘网中，一去三十年。羁鸟恋旧林，池鱼思故渊。开荒南野际，守拙归园田。方宅十余亩，草屋八九间。榆柳荫后檐，桃李罗堂前。暧暧远人村，依依墟里烟。狗吠深巷中，鸡鸣桑树颠。户庭无尘杂，虚室有余闲。久在樊笼里，复得返自然。"当他回归乡野，感觉如同笼中之鸟回归自然。

与此类似的还有欧阳修写的《画眉鸟》："百啭千声随意移，山花红紫树高低。始知锁向金笼听，不及林间自在啼。"他不愿居庙堂之高，犹如鸟儿不愿身处金笼，只有逃脱束缚才能自在放声高歌。虽然他们的诗里并没提到"小舟"，事实上他们和苏东坡一样都为自己打造了一艘"心舟"。

除了这首《临江仙》，苏东坡在黄州还曾写过一首《水调歌头·黄州快哉亭赠张偓佺》。

水调歌头·黄州快哉亭赠张偓佺

落日绣帘卷，亭下水连空。知君为我，新作窗户湿青红。长记平山堂上，欹枕江南烟雨，渺渺没孤鸿。认得醉翁语，山色有无中。

一千顷，都镜净，倒碧峰。忽然浪起，掀舞一叶白头翁。堪笑兰台公子，未解庄生天籁，刚道有雌雄。一点浩然气，千里快哉风。

这首词是苏东坡贺朋友"快哉亭"建成所作。在词里，他自己化身白头老渔翁驾着一叶小舟与狂风巨浪共舞，不仅勉励和他有相同遭遇的朋友快快走出困境，也是对自己心灵的真实写照，有浩然正气作为他"心舟"的最大动力，即便前方都是风雨也一路快哉！虽借用了庄子"不系之舟"的意象，但豪情早已超越了"虚而遨游"的境界，苏东坡的"心舟"当数世间第一舟！

第 24 章 又得浮生一日凉

"采菊东篱下，悠然见南山。"东晋陶渊明仕途不顺归隐田园，在悠然自得的田园生活中开创了田园诗体，从平淡的生活中提炼出超脱凡俗的趣味。后世文人纷纷效仿，以诗词为画笔描绘出各式各样的田园意趣，青出于蓝而胜于蓝，虽然都深受陶渊明之诗词影响，但是也不乏超越之作。

苏东坡也特别佩服陶渊明，他在黄州脱下文人衣帽躬耕于田间，当他给自己取名为"东坡居士"后，便觉得自己的生活越来越像陶渊明的田园生活了。

经过一番努力，衣食足堪自给，初临黄州的困顿之感渐渐离他远去，生活变得松弛下来的同时精神也更安然自在。这种变化同时也体现在他的诗词作品中，这个时期田园生活经常被他当作歌咏的对象，一种亲切宽和的温暖从他的笔尖流露出来，既不直抒胸臆，也没有过多的道德目的，更多的是刻画黄州、黄石一带山光水色和田园风味。这个时期的作品少了很多使命感，却被更多的读者喜欢。

　　黄州的夏天酷热难当，苏东坡居住条件有限，要解暑热只能寄希望于老天爷降雨，偶尔的一次降雨也便成了难得的享受。在黄州的最后一个夏天，晚间降雨后迎来凉爽的一天，苏东坡诗意顿生，写下了《鹧鸪天》来描写自己平淡的田园生活。

鹧鸪天

　　林断山明竹隐墙，乱蝉衰草小池塘。翻空白鸟时时见，照水红蕖细细香。

　　村舍外，古城旁，杖藜徐步转斜阳。殷勤昨夜三更雨，又得浮生一日凉。

　　站在寓所门口放眼四望，郁郁葱葱的树林绵延至山脚被高山截断，因而远山显得更加棱角分明。收回视线，触目所及稠密的绿竹遮盖住了院墙，而院墙里的小池塘边草儿已经枯萎，蝉鸣乱纷纷充斥着整个院落。

　　从远山到近墙，从郁郁葱葱的树林到衰草枯杨，从安静的绿竹到恣意乱叫的蝉，构建起一个充实而又杂乱的空间，苏轼开篇便写下"林、山、竹、墙、蝉、草、小池塘"等七种意象，看似随意堆叠，实则是他有意渲染自己纷乱的思绪。这种写法在古诗词里属于大胆的创新，一般诗人不敢这么写。

苏轼又抬头看向广阔的天空，白色的鸟儿自由自在上下翻飞，而天空下满池红色的荷花映照着绿水，荡漾出淡淡的香味沁人心脾。刚刚从远到近看过，现在苏东坡又从上往下看，他用目光为清新淡雅的景物画了一个空间轴，轴上移动的是他百无聊赖的心情。

对于经历过生死劫难的苏东坡来说，这样的环境特别适合他修身养性，然而他并不愿意安于现状，对外他希望像鸟儿一样在天空自由翱翔，对内他想如荷花一般守住心中那抹淡香。现实无情地扼杀了他的希冀，"翻空白鸟"和"照水红蕖"皆是乐景，却写出了苏东坡的满腹悲情。

在苏东坡眼里，给自己的自画像是一个孤独的老人，拄着拐杖独自沿着古城旁边的乡村小道徐徐漫步，迎着余晖渐行渐远。

苏东坡此时其实不过四十多岁，还远没到衰老的地步，他化用杜甫的诗句"杖藜徐步立芳洲"来描写自己，是因为他此时感觉心中的壮志正在一点点消失，人未老心已老，孤苦无依只能独行踽踽。

和上阕以乐景写悲情相对，这句词苏东坡描写自己"杖藜徐步"看似消极，实则暗含力量。夕阳西下明朝还会升起，暂时的没落是在为升起积蓄力量，等长夜过去自会惊人地爆发，平淡中奔涌着激情，不是经过几番大起大落，不可能将分寸掌握得如此恰到好处。

似乎为了隐藏自己内心积蓄的力量，最后苏轼又淡然地叹道：看来老天爷对我还算殷勤周到，见我暑热难耐，昨晚三更下了一场好雨，我又能度过这一天凉爽无比的日子了！

"浮生"本意是说人生飘忽不定，蕴含消极的人生哲学，《庄子·刻意》中说："其生若浮，其死若休"，"浮生"这个意象被很多诗人用于诗词中。

大多数诗人眼中飘忽不定的人生就像一场大梦，如李白在《春夜宴桃李园序》中写下的"而浮生若梦，为欢几何"，还有白居易在《诗喝》里写道："为当梦是浮生事？为复浮生是梦中。"

"浮生如梦"这个说法太过消极，苏东坡也深受庄子思想影响，但是他同时又于艰辛中打磨出了绝处逢生的达观思想，所以能于极消极处看到积极的一面。很平常的一场雨也被他看作老天爷的殷勤照顾，安守田园的日子在他心里便自有一番清凉。

苏东坡在徐州任知州时描写的田园景象是："软草平莎过雨新，轻沙走马路无尘""麻叶层层檾叶光，谁家煮茧一村香"。那时他的笔下一派蒸蒸日上志得意满的景象，那是因为当时他在徐州任职政绩卓著深得民心，而在黄州的他处境艰难，才能无法施展，唯一能想到的从消极转为积极的开解之法便是从平淡的田园生活中寻找乐趣。

同时期他还写下一首《浣溪沙·渔父》。

浣溪沙·渔父

西塞山前白鹭飞，散花洲外片帆微，桃花流水鳜鱼肥。

自庇一身青箬笠，相随到处绿蓑衣，斜风细雨不须归。

词里苏东坡将黄州景物描绘成了一幅山水画卷：西塞山边白鹭翩飞，江中渔帆点点，而他戴着箬笠披着蓑衣静坐江边成为这幅画卷的点缀，和《鹧鸪天》那首词结合起来读的话会有恍然大悟之感。苏东坡得"浮生一日凉"原来是和山林、江水、白鹭、鳜鱼约会去了！

晋代以后受陶渊明影响的诗人很多，留下了很多超越前人的田园佳作，如"斜阳照墟落，穷巷牛羊归。野老念牧童，倚杖候荆扉"，这是王维在《渭川田家》里用白描的手法描绘出了田园风光的自然清新，比陶诗更显精细。

还有"莫笑农家腊酒浑，丰年留客足鸡豚。山重水复疑无路，柳暗花明又一村"，这是陆游在《游山西村》一诗里描绘了田园乡间的民风淳朴，对比陶诗多了一些人生哲理。

"霜草苍苍虫切切，村南村北行人绝。独出前门望野田，月明荞麦花如雪。"白居易在《村夜》里渲染出深秋田园的萧瑟，比起陶诗来更多了一份悲悯。

苏东坡不止一次地表达过对陶渊明的崇拜，受陶渊明的影响，他也写下了大量的山水田园诗，如他在黄州写下的《东坡》："雨洗东坡月色清，市人行尽野人行。莫嫌荦确坡头路，自爱铿然曳杖声。"诗里透露出诗人对田园生活的热爱，对世俗名利的不屑。

再如他在杭州时曾写下的《新城道中二首》，其中"野桃含笑竹篱短，溪柳自摇沙水清。西崦人家应最乐，煮芹烧笋饷春耕"这样的句子读起来让人如品春茗，心中充盈美好的诗情画意。

如果要将苏东坡的田园诗词拿来和陶渊明的诗做比较，这首《鹧鸪天》当数代表之作。读过这首词便可以知道，他的田园生活不仅消磨时光那么简单。苏轼的田园情结来自对陶渊明的崇拜，但他并没有拘泥于陶渊明诗作中的怡然自乐，相反他一直在寻求突破。

从寻常事物中寻求人生哲理，在平淡消遣中积蓄能量，这大概就是苏轼田园生活的真实写照。他所有的心境都已体现于诗词中，若我们读懂他平淡背后的深意，便会觉得他的田园诗词比陶渊明的诗作更有力量。

第 25 章 一樽还酹江月

长江在中华大地上奔流了数千年，它阅尽无数兴亡成败，滔滔江水融入太多前尘往事，它就像一本活动的历史书，每一个面对它的人都能品出不一样的感觉来。

苏东坡黄州的寓所临皋亭正在长江边上，滔滔江水在耳畔日夜奔流不息，他便起了游江的兴致，邀约三五好友带上美酒美食泛舟江上，常常划着小船到江岸边的赤壁矶登岸游玩。在这里他写下了前后《赤壁赋》，成为流传千古的经典散文诗；除此之外，他在赤壁矶上还写下了《念奴娇·赤壁怀古》，这首词成为开启宋朝词坛新气象的巅峰之作。

念奴娇·赤壁怀古

大江东去，浪淘尽，千古风流人物。故垒西边，人道是，三国周郎赤壁。乱石穿空，惊涛拍岸，卷起千堆雪。江山如画，一时多少豪杰！

遥想公瑾当年，小乔初嫁了，雄姿英发。羽扇纶巾，谈笑间，樯橹灰飞烟灭。故国神游，多情应笑我，早生华发。人生如梦，一樽还酹江月。

长江浩浩荡荡向东流不尽，就如同历史的长河奔腾不息，一代又一代的英雄人物在大浪中沉沉浮浮，到最后终究随着长河而去。

唐朝张若虚面对月色下的大江，曾感慨"人生代代无穷已，江月年年望相似"，他以上帝视角俯瞰江河的前世今生，生出了历史穿越感。站在赤壁矶上的苏东坡也如张若虚一般思绪跨越了历史的长河，如此便有了这波澜壮阔的开篇，如黄钟大吕般敲打着每一个读者的心灵。

苏轼将目光投向旧营垒的西边，人们都说那里便是三国时期周瑜大破曹兵那场赤壁之战的旧址。

关于赤壁之战的旧址众说纷纭，有的说在湖北蒲圻县境内，今天已改为赤壁市。另外，湖北境内还有三处地名都称为赤壁的，分别在黄冈、武昌、汉阳附近，苏东坡游览的是黄冈的赤壁，他也不敢确定究竟这里是不是赤壁之战旧址，所以只敢以"人道是"来引出下面的词句。

站在赤壁矶上，看岸边陡峭不平的石崖高高耸立直入云霄，惊天巨浪一遍一遍地拍打着江岸，在石崖底翻滚着白色的泡沫，江面上还有无数奔腾的波涛向江岸涌来，卷起浪花仿佛冬日里的千堆白雪在移动。

苏东坡连用"穿""拍""卷"等几个动词生动形象地展现大江洪流不可阻挡的超凡气势，历史的长河也正是因为具有这种难以抗拒的力量，才能淘尽一代又一代英雄人物。

如此江山盛景如同画卷一般，如画的江山中无数英雄豪杰来来去去。站在赤壁矶上的苏东坡羡慕过往的风流人物，虽然随着岁月的长河奔腾而去，但是如画的江山里毕竟留下了他们浓墨重彩的笔触。此时他不会想到，后人所见到的如画江山里，也有他留下的笔触熠熠发光。

从大江东流的壮阔联想到英雄豪杰的风流，其实这些都是苏东坡埋下的伏笔，他的笔触非常自然地从自然之境过渡到人之心境。

此时此刻最容易让人想起的就是当年在这里火烧赤壁的周瑜。那时候吴国美女小乔刚刚嫁给这位英雄，周瑜当年体态雄伟英姿勃发，手持羽扇头系青丝头巾，看上去就像位读书人，看似手摇羽扇与人谈笑，实则亲手导演了"火烧赤壁"这一出大戏，在他的运筹帷幄之下，曹操的几十万水师被烧得灰飞烟灭。

苏东坡就像一位历史说书人，从宏阔的场景说起，再说到一代又一代风流人物被历史的大江大河淘尽，最后聚焦定格在周瑜的身上。他不讲周瑜如何身披铠甲以一敌百，也不讲他如何身先士卒率众杀敌，反而着重描写他儒雅淡定的气度，面对几十万大军他仍能谈笑自若举重若轻，其风流潇洒千古以来几乎无人能与之匹敌。

周瑜娶小乔十年之后才指挥赤壁之战，十年之间的事被苏东坡集中到一起，以小乔之美来烘托周瑜之风姿潇洒韶华似锦，年轻有为足以让人艳羡，同时也能让人联想到这场战役的胜利对于东吴有着非同凡响的意义。

唐代诗人杜牧曾在《赤壁》诗中写道："东风不与周郎便，铜雀春深锁二乔。"如果不是周瑜运筹帷幄借用东风，结局恐怕会被改写，曹操取胜之后"二乔"会被关进铜雀台，更有那千千万万江东百姓也会陷入水深火热之中。

诸葛亮也是素以羽扇纶巾著称，很多人初读此词容易把"羽扇纶巾"当作诸葛亮的代称，其实在三国之时儒将一般都是这种装束。宋朝人一般多用"羽扇纶巾"指代周瑜，戴复古就在他的《赤壁》诗里这样描写周瑜："千载周公瑾，如其在目前。英风挥羽扇，烈火破楼船。"可见周瑜羽扇纶巾的形象多么深入人心。

如儒雅书生一般的周瑜尚能灭敌几十万，那么作为文人的苏东坡是不是也会有这种可能呢？正因为周瑜贴近文人的形象，所以苏东坡从周瑜身上看到了自己的影子。

他早已察觉北宋国力羸弱和辽夏军事政权的严重威胁，时刻心系边疆战事，有着一腔报国疆场的热忱。面对边疆危机的加深，目睹朝廷的萎靡庸碌，他多么希望自己能像三国时代的周瑜一样驰骋疆场力挽狂澜，然而他虽有着壮怀激烈的报国热忱，如今被贬黄州、身处困境，显得多么讽刺。

那段三国的往事是多么令人神往啊，然而他现在只能自嘲。周瑜大破曹军之时不过三十四岁，而苏东坡此时已经四十六岁了，孔子说过："四十五十而无闻焉，斯亦不足畏也已。"自己空有一番报国热忱，却只能任年华蹉跎，鬓边丛生的白发一定在笑自己痴人说梦吧。

回望蹉跎的岁月犹如在梦中，纵观人生又何尝不是一场大梦呢？再将视线投向古今，将自己和年少有为的周瑜融入历史的长河之中来看不都是大梦一场吗？当年潇洒从容建立不世功勋的周瑜如今又在何处？如此想来，虽然自己活得没有周瑜那么成功，但是上升到人类的普遍命运来看，其实自己和周瑜也没有多大的差别。

既然世事皆如梦，又何必自苦，不如放开胸怀，将手中这杯酒敬永不停歇的江河，敬那一直俯瞰历史长河的日月。

苏东坡在黄州的艰苦岁月中磨炼了自己的心性，他不再是一介戚戚寒儒，成了参破世间宠辱的智者。当他察觉到自己心头的悲哀后不再妄自菲薄自伤心志，而是将自己的个人经历融入江山历史中去体会。

人生在宇宙中之渺小正如尘埃相对于广阔的天地，那些世俗的计较和悲伤更是细微得不值一提。想清楚这些，他便能为自己的内心松绑还精神以自由，而他的作品便也有了遨游天地的不凡气象。

据南宋俞文豹《吹剑续》的记载："东坡在玉堂，有幕士善歌，因问：'我词何如柳七？'对曰：'柳郎中词，只合十七八女郎，执红牙板，歌"杨柳岸，晓风残月"。学士词，须关西大汉，铜琵琶，铁绰板，唱"大江东去"。'东坡为之绝倒。"

其中的"杨柳岸，晓风残月"指的是婉约词派领军人物柳永所写的《雨霖铃》，词中一派旖旎婉约的惜别气象，所以适合"十七八女郎，执红牙板"浅吟低唱，而"唱大江东去"指的便是苏东坡这首《念奴娇·赤壁怀古》，因为这首词通过怀古抒发抱负，铿锵有力处处显出豪放的气质，所以只适合"关西大汉，铜琵琶，铁绰板"引吭高歌。

最困顿的生活成就最好的诗词，被贬黄州对苏东坡个人来说是不幸，对于北宋文坛来说却是幸事；黄州数年是苏东坡思想发生转折的时期，也是他不断走向成熟和睿智的时期。

苦难成了垫脚石将他推向了新的高度，他在黄州为天下奉献出了四篇精品：一篇游记《记承天寺夜游》；两篇月夜泛舟写下的前后《赤壁赋》；还有词作《念奴娇·赤壁怀古》，而其中又以这首《念奴娇·赤壁怀古》为巅峰之作。

当时婉约词风长期支配词坛，代表人物有柳永、张先、秦观、晏几道等，以音律宛转和谐以及语言圆润清丽而盛行一时。苏东坡感觉这样的词作美则美矣，但是太过于沉浸儿女情爱，不够大气。

从密州开始他便一直尝试打破这种传统词风，直到写下《念奴娇·赤壁怀古》这篇巅峰之词，才真正开始和以柳永为首的婉约词派抗衡。他这种全新的写作风格被后人称为"豪放派"，据考证历史上第一个用"豪放"评词的当属苏东坡。

南宋词论家王灼说苏东坡作词"指出向上一路，新天下耳目，弄笔者始知自振"。苏东坡词作中的豪放之气对后世影响颇深，在他之后很多优秀的词人皆作慷慨激昂之语。

如南宋豪放词派领袖辛弃疾写下的"千古兴亡多少事？悠悠。不尽长江滚滚流"，和苏东坡写的"大江东去，浪淘尽，千古风流人物"颇为相似，难分伯仲；还有陆游写下的"三万里河东入海，五千仞岳上摩天"。

更有后世戴复古受苏东坡豪放志气感染，也以《赤壁怀古》为题写下一首《满江红》："赤壁矶头，一番过，一番怀古。想当时，周郎年少，气吞区宇。万骑临江貔虎噪，千艘列矩鱼龙怒。卷长波，一鼓困曹瞒，今如许？江上渡，江边路。形胜地，兴亡处。览遗踪，胜读史书言语。几度东风吹世换，千年往事随潮去。问道傍、杨柳为谁春，摇金缕。"

戴复古同样是站在"兴亡处"，同样是以周瑜功业来缅怀今古，写来苍劲有力，在自然朴素的描写中不时透出浓墨重彩的笔触，平淡之中见奇伟，不失为一篇豪放佳作，但是若要和苏东坡的《念奴娇·赤壁怀古》相比较，总觉得还是少了一番气势，读完没有那种震慑心魂之感。

当年《念奴娇·赤壁怀古》一出，其雄浑苍凉、豪迈磅礴之势瞬间令人心魂震撼，所以才能站上豪放词派的巅峰。苏轼受前尘往事所感写下这首"古今绝唱"，又感染后世成就一代代英雄豪杰，历史的长河正是因为融入了这样伟大的思想才能照彻古今。

第 26 章　人间有味是清欢

　　每个人从出生的那一刻开始就不得不面对人生这个谜题，我们都是穿越岁月的解谜人，或许穷尽一生也无法参透这个谜题，但是每一段人生经历都会给我们带来不同的答案。古往今来无数文人在自己的作品中分享自己参透的人生答案，这样的分享让诗词有了灵魂，有了灵魂的诗词才能流芳百世。

　　若要论起最愿意分享人生答案的诗人当数苏东坡，从他的很多诗词中都能读到他对人生的感悟，从"人生到处知何似，应似飞鸿踏雪泥"到"古今如梦，何曾梦觉"，从"诗酒趁年华"到"又得浮生一日凉"，在行走中他一直在尝试让思想超越境遇，而他对于人生答案的感悟越来越透彻，在离开黄州的途中，他对人生这个谜题终于有了很清晰的答案。

　　在黄州的生活安定下来之后，苏东坡开始钻研佛道，潜心研究关于人生命题的各种答案。他常常问自己，人如何能得到心情的宁静？除去研读佛经之外，他曾在一家道士观里闭关七七四十九天，有人说他是在练道家的绝食和气功，其实他更多的是在修炼自己的心境。他还从弟弟苏辙那里学习了瑜伽术的修炼，以此来获得情绪的平衡。

苏东坡坚持不懈地凝神内观，悟出要放弃无谓的欲望追求，回到简单有节制的生活或许才是人生真谛。此时"乌台诗案"的影响渐渐变淡，好友李常已经被调回了京师，连被贬谪到蛮荒之地的好友王巩也被赦免回到北方。看起来政治风向已经悄然改变了，但是苏东坡此时对于仕途并没有抱有太多的期望，他心如止水，既然在黄州熬过了最艰苦的时光，以后就在这里随心所欲地隐居生活，也不失为一种快乐。

然而尚在官场的他身不由己，不久便收到皇上的旨意，要把他的谪居之地由黄州迁往汝州，虽仍任团练使，但是汝州离京师较近，生活条件更舒适些。消息传来，苏东坡着实不愿离开黄州，但是又不敢辜负皇上的一番美意，所以不得不放弃东坡农场，让自己数年的辛勤劳作毁于一旦，收拾细软带上家小搬往汝州。

他不紧不慢地一路行走，先是和和尚参寥子游庐山数日，写下了描写庐山的诗作《题西林壁》："横看成岭侧成峰，远近高低各不同。不识庐山真面目，只缘身在此山中。"诗中从对庐山景物的描写道出了人生哲理。

他还去看望了四年未见的弟弟子由，然后顺着长江而下到了金陵，专程去看望已经从朝堂退隐的王安石。没有了政见之争，苏东坡也不愿再提当年的迫害，只和王安石论诗文相谈甚欢，因为苏东坡和王安石都没有诗词记录这次会面的情景，所以当时王安石心中究竟作何感想也不得而知。

这次迁徙虽说仍是一路舟车劳顿，但苏轼心里很踏实，心情也无比雀跃。途中到达泗州，他邀约当地好友刘士彦（即刘倩叔）同游南山，此时正值乍暖还寒时分，但苏东坡心中洋溢着春情，从仍显萧瑟的山野景物中感受到春意涌动。

浣溪沙

［元丰七年（1084）十二月二十四日，从泗州刘倩叔游南山］

细雨斜风作小寒，淡烟疏柳媚晴滩。入淮清洛渐漫漫。

雪沫乳花浮午盏，蓼茸蒿笋试春盘。人间有味是清欢。

微风将细细的雨丝吹斜，带来微微的寒意，雨后十里滩笼罩在一层淡淡的轻烟之中，烟雨蒙蒙，稀疏的柳树萌发出一丝妩媚的春意，为刚刚放晴的河滩平添几分美好。

残冬腊月又逢细雨斜风，此时登山其实寒冷难耐，但是苏东坡心中对世界的热情慢慢苏醒，正如在冬天蛰伏许久的柳树在春雨中萌发春意。

张志和的《渔歌子》中有这样一句："青箬笠，绿蓑衣，

斜风细雨不须归。"韦庄在《题貂黄岭官军》中也写道："斜
风细雨江亭上，尽日凭栏忆楚乡。""斜风细雨"读来总有一
种轻快的感觉，再加上一个"媚"字，苏东坡便将烟、柳、滩
连成了一幅美好的图画，虽值残冬岁暮，但仍有春潮隐隐涌
动，透出万象更新的生机。

上游清澈的洛涧春水已涨，渐渐地就要汇入淮水变成一片
烟波浩渺。"清洛"就是发源于合肥的洛涧，北流至怀远与淮
水汇合，距苏东坡所在的泗州距离尚远，他根本不可能看见洛
涧，但是从眼前的淮水波浪滔滔可以遥想洛涧此时的景象。

江河湖海往往比绿树红花更早地感受到春意，春潮涌动带
来了春满大地，能感知到"春水"的人，他心中的春天到得会
更早一些。杜甫感知到春水渐生，写下"二月六夜春水生，门
前小滩浑欲平"；韦庄感知到春水的清澈碧绿，写下"春水碧
于天，画船听雨眠"；而苏东坡不见春水却能从江水微涨联想
到春水渐生，可见他心中春意更浓。

南山之上野餐准备开始，午茶已经冲泡好，乳白色的茶
沫浮在杯面上，野菜的嫩芽和莴笋被当作春天的新菜放进盘子
里，香茶一盏泡沫似雪，春蔬一盘色如翡翠，搭配在一起相映
成趣，浓郁的春日气息直逼人心里。

中国茶史上有"茶兴于唐，盛于宋"的说法，和唐朝煎茶
不同，宋代点茶法成为时尚，将茶末置于盏中，沸水冲开然后

用茶筅快速拂动茶汤，使其泛起泡沫。文人斗茶，一斗汤色，二斗水痕，汤色是比谁点出的茶更浓白，水痕是比谁点出的泡沫更丰富。

苏东坡喜欢点茶，他不但知茶理，懂茶功，更是一位点茶高手。他曾写下这样的诗句："泻汤旧得茶三昧，觅句近窥诗一斑。"后来，"三昧手"就成了点茶技艺高超的代名词。

而"蓼茸蒿笋"都是立春时节的应时节物，旧俗立春时馈送亲友以鲜嫩春菜和水果、饼饵等，称为"春盘"。在山野的春风吹拂下品茗尝鲜，苏东坡南山一游充满了高雅的审美意趣，心头阴霾散尽才能有这种闲适旷达。

人间生活或有百般滋味，最美好的味道还是这些平淡的快乐和清淡的欢愉。奔波劳顿半生，苏东坡在泗州南山之上突然体会到难得的轻松快乐，若余生都能如今日这般沉浸在平淡的欢愉之中，那也能算个极幸福的人了。

阅尽人世繁华，历遍人间沧桑，回首发现平淡才是真滋味，若能在茫茫人生中守住点点清欢，人间便永远是四月好春光，这便是苏东坡行到此处得出的人生答案。

关于人生的谜题，众多诗人都给出了不同的答案，汉代有位无名氏在《回车驾言迈》中就写道："人生非金石，岂能长寿考？奄忽随物化，荣名以为宝。"他参悟的人生答案是：人生苦短，肉体很快会消亡，但是美好的名声可以长留人间，所以人生在世重在修德。

唐朝卢照邻在《行路难》中写下这样的句子："人生贵贱无终始，倏忽须臾难久恃。"人生贵贱不是固定的，随时可以转换，所以不必过多计较。

宋朝欧阳修也在《玉楼春》里写道："人生自是有情痴，此恨不关风与月。"人生本来就会有离愁别恨各种情绪，并不会受到外境的影响，所以任何时候都要关照自己的内心。

苏东坡南山一行悟出了人间的真滋味。如果人生没有经历波折，大多数人都会觉得悠闲的生活太过平庸索然无味，只有像苏东坡那样经历过大起大落和颠沛流离之后才能明白，人生不必追求高堂华屋、珍馐美味，最平淡的滋味才是最幸福美好的滋味，只要内心安宁便能体会人间真滋味，如果真能懂得达到这样的境界，风雨再大也无所畏惧了。

第 27 章　　此心安处是吾乡

苏东坡在去往汝州的路上还遇到了以前的好友王巩。受"乌台诗案"的牵连，王巩被贬谪到岭南蛮荒之地宾州，他的歌妓柔奴毅然随行到岭南，五年后才被放回。

苏东坡对这位被自己连累的朋友一直心存愧疚，去了那么偏远艰苦之地想来他一定憔悴衰老不堪。此次见到王巩却大吃一惊，他眼中所见王巩"黑发如漆""面如红玉"，看上去比贬谪之前更年轻了，笑容里也似乎带着岭南梅花的清香。他疑惑地问王巩："岭南的风土应该不是很好吧？"

为苏东坡敬酒的歌女柔奴替王巩作答："此心安处，便是吾乡。"从一个平凡的歌女口中说出如此哲理的话，苏东坡如醍醐灌顶，心中某个柔软的角落被触碰到了，诗情暗暗绽放开来。

他详细地记录下这次见面的情景："王定国歌儿曰柔奴，姓宇文氏，眉目娟丽，善应对，家世住京师。定国南迁归，余问柔：'广南风土应是不好？'柔对曰：'此心安处，便是吾乡。'因为缀词云。"

定风波

常羡人间琢玉郎，天应乞与点酥娘。自作清歌传皓齿，风起，雪飞炎海变清凉。

万里归来年愈少，微笑，笑时犹带岭梅香。试问岭南应不好，却道，此心安处是吾乡。

想当年，雅集之上所见王巩是丰神俊朗的玉面郎君，那样的潇洒飘逸让人艳羡。似乎老天也特别怜惜这如玉雕琢般的人儿，特意安排了天生丽质的柔奴来做他的侍女，他们俩站在一起瞬间能让人明白"天生一对"的真正含义。

如果只是外表出众相配倒也罢了，偏偏这两人才情也是那么契合。王巩虽然官位不高，但一直勤于写作，于杂文和诗词上颇有造诣，并且还画得一手好画，同时也颇懂音律；柔奴也颇有才气，她随口就能自己吟唱出歌曲，那歌曲从她的口中传出，就如同清风吹起，掠过炎炎暑热，瞬间能将人带入清凉之地。

在北宋，所有能吟唱的歌词都源于诗词，唱歌写词是读书人才能掌握的高雅艺术，然而柔奴能够信口吟唱，足见她的才华也不逊于任何文人。

　　班固在《汉书·艺文志》中写道："诗言志，歌咏言"，又说"哀乐之心感，而歌咏之声发"，美好超旷的歌声来自同样美好的心灵。苏东坡认为王巩之所以能于贬谪之地越活越年轻，一方面是因为老天爷的偏爱，更重要的是因为有柔奴的歌声抚慰，在她的歌声里，所有政治上的失意都可以幻化为恬静安详，换作任何一个人日日有这样的歌声陪伴都不会老。

　　一去万里此番归来，再见美人仍是容光焕发，比分别之时更显年轻，巧笑嫣然之际隐隐透出岭南梅花的芬芳。人人都说岁月是把杀猪刀，可五年的岁月在眼前这两人身上并没有留下刻痕，他们归来后的欢欣中透露出来度过艰难岁月的自豪感，那种盎然生气如同岭南的梅花在枝头绽放。

　　此处"岭梅"指的是大庾岭上的梅花，大庾岭是沟通岭南岭北的咽喉要道，生长在大庾岭上的梅花斗霜傲雪，苏东坡眼前的柔奴和王巩俨然就是生长在大庾岭上的朵朵梅花。他情不自禁地问出那一句："听说岭南那里风土不是很好吧？"

　　既是问人也是问花，人人都说岭南条件艰苦，怎么那里的梅花格外香？你们远离家乡，此番归来，怎么会看起来比生活在繁华的京城更显年轻？苏东坡问得很迟疑，想来音量也很弱，令他没有想到的是，柔奴替王巩回答道："心安定下来的地方，就是我们的家乡！"

　　人都道那里蛮荒，但是柔奴陪伴着王巩安住岭南，不问那里是否是自己的故乡，平静地过着自己的生活，也许正是因为自得其乐，他们才看起来容光焕发愈显年轻吧。

王巩是宰相王旦之孙，从小便生活在温柔富贵乡里，锦衣玉食的他在二十多位受"乌台诗案"牵连的案犯中贬谪最远、责罚最重，岭南的生活对他而言就好似在生死线上挣扎。苏东坡在为王巩诗集作序时写道："今定国以余故得罪，贬海上三年，一子死贬所，一子死于家，定国亦病几死。余意其怨我甚，不敢以书相闻。"

在岭南的这几年，王巩两个儿子相继夭折，他自己也病得九死一生，艰难困苦自不必想象。

然而他挺过来了，再回忆起那段艰难的时光，虽然贫困，但是没有朝堂之上的尔虞我诈，没有通宵达旦的应酬，生活接了地气更觉心安。他和柔奴在岭南的草屋陋室，比起之前在京城的华厦美屋更多了家的味道，正是因为触碰到最深层的本质，所以才能旷达乐观地永葆青春。

"此心安处是吾乡"既不是柔奴的首创，也不是苏东坡的原作，唐朝诗人白居易在《初出城留别》中就写道："我生本无乡，心安是归处"；又在《种桃杏》中写过："无论海角与天涯，大抵心安即是家"。苏东坡化用典故借柔奴之口轻轻道出，一句"此心安处是吾乡"既是对好友随遇而安的赞美，同时也寄寓着苏东坡一贯的人生态度和处世哲学；不仅是好友给他的答案，更是苏东坡给世人的答案。

苏东坡能借柔奴之口说出"此心安处是故乡"，是因为他在多年漂泊中早已悟出"安心"为立身之本。他一生以陶渊明为榜样，在自己的诗词中也多次写到想要归隐，但是从未真正下定决心，一方面是因为他不甘心，另一方面是因为他懂得如何在浊世中独善其身安住内心。

四海漂泊的生活固然贫困，但苏东坡总能找到方法让自己的内心平稳落地。无论身处何处，他都可以在诗词中，或是在风景中，又或者于琴棋书画中追寻更高的境界，刻意与浊世拉开距离。

其实苏东坡的内心世界一直也充满矛盾，"忧天下"和"忧自身"的双重忧患一直在他的内心激荡冲突，有些人会在这种矛盾中沉沦以致一蹶不振，苏东坡选择从这种矛盾中出走。他刻意与浊世拉开距离让他拥有了不一样的视角，他不再执着去寻找矛盾的开解之道，而是学着和各种矛盾和谐共存，于矛盾中为自己的心寻到安宁的一隅之地。

苏东坡曾经于赤壁矶上感叹："大江东去，浪淘尽，千古风流人物。"英雄豪杰生前所有的辉煌终将随着历史的长河滚滚而去，只有他们无穷的智慧能洗涤世人的心灵尘埃，而凝练了智者思想的哲理句子也会流传下来，成为照亮后人道路的明灯。

如先秦留存下来的《老子·八章》中写到的"上善若水，水善利万物而不争"，启迪世人做人的最高境界就是"如水"。

晋代陶渊明隐居南山，优哉游哉地吟出"结庐在人境，而无车马喧。问君何能尔？心远地自偏"，他深深地懂得人生在世不能被世俗蒙蔽，要懂得打造属于自己的真正人生。

还有唐朝白居易，他写出"试玉要烧三日满，辨材须待七年期"这样直白的句子，告诉世人时间是检验真伪的最好办法。

王安石和苏东坡在政坛上相互对立，在文坛上惺惺相惜。他也留下了不少名言警句，最为人熟知的便是他登飞来峰时写下的"不畏浮云遮望眼，只缘身在最高层"，有意思的是他这句名言恰好能为苏东坡的"心安"做注解：人拥有了高瞻远瞩的目光，就不会迷失方向，方能保持本意安住初心。

相比之下，苏东坡的这句"此心安处是吾乡"显得颇为含蓄，他将自己的人生态度和处世哲学借柔奴之口平淡地说出，也许是害怕因诗文再横生枝节，也许是不想将自己的乐观和旷达暴露在对手面前，但这看似韬光养晦的一语实则道尽了人生真谛。如果能深深地读懂这句"此心安处是吾乡"，每个人大概都能过好这一生。

第 28 章　不应回首，为我沾衣

"人生如逆旅，我亦是行人"，这是苏东坡对自己最好的自画像。他就是世间的行者，辗转奔波间与无数人相逢，有的只是擦肩而过，孤鸿片影也不曾留下；有的陪他走过一程山水匆匆离去。在苏东坡心里从不因为相聚时间长短来论友情，每一个走过他的生命的朋友都被他放在心底珍惜，而他最看重的一个朋友就是诗僧参寥子。

参寥子，本是宋朝一名僧人，名叫道潜，字参寥，也被称为参寥子，浙江於潜人，他自幼出家，经学文史，无所不读。虽然为僧，但主要成就并不在佛学研究，而以诗歌出名，有《参寥子诗集》流传后世，最有名的是他的《秋江》："赤叶枫林落酒旗，白沙洲渚夕阳微。数声柔橹苍茫外，何处江村人夜归。"诗里他从景联想到人，由实入虚之间意境空灵悠远，被人广为传颂。

苏东坡任徐州知州时声名遍播四海，参寥子通过"苏门四学士"之一的秦观介绍，正式拜访苏东坡。苏东坡欣赏他诗句清绝，将他视为好友，参寥子与苏东坡在诗词修养上惺惺相惜，成为彼此生命中最重要的朋友。

元丰三年（1080），苏东坡因"乌台诗案"被贬谪黄州，很多亲朋旧友都急于与苏东坡撇清关系，参寥子却毫不避讳地写信慰问苏东坡，让苏东坡非常感激，回信给他说："仆罪大责轻，谪居以来，杜门念咎而已。平生亲识，亦断往还，理故宜尔。而释、老数公，乃复千里致问，情义之厚，有加于平日，以此知道德高风，果在世外也。"

参寥子不仅写信安慰苏东坡，还从杭州远道而来看望苏东坡，和苏东坡一起游历黄州山水，唱和诗文，为苏东坡的谪居生活平添了舒畅快活的色彩。参寥子一直在黄州陪伴着苏东坡，当苏东坡接到调移汝州团练副使的诏令时，他又陪着苏东坡一起上路。

最好的友情总能催发出最好的诗情。苏东坡在去往汝州的途中，与参寥子同游庐山数日，写下了《题西林壁》，成为能与李白的《望庐山瀑布》相媲美的庐山诗。

离开黄州之后，苏东坡的命运发生了一系列转机，他先是被召回京城任"翰林学士知制诰"，其后又以龙图阁学士的身份领军浙西并且兼任杭州知州，而参寥子也在杭州智果寺任住持，杭州城及周围风景旖旎处，都留下了二人结伴同游的身影。苏东坡本以为可以就这样岁月静好下去，谁知过了没多久，朝廷又召他重返京都。

临行前，他和参寥子再一次观赏钱塘江大潮。面对潮来潮往，苏东坡心中五味杂陈，唯有用诗词来与朋友告别。

八声甘州·寄参寥子

有情风、万里卷潮来，无情送潮归。问钱塘江上，西兴浦口，几度斜晖？不用思量今古，俯仰昔人非。谁似东坡老，白首忘机。

记取西湖西畔，正暮山好处，空翠烟霏。算诗人相得，如我与君稀。约他年、东还海道，愿谢公、雅志莫相违。西州路，不应回首，为我沾衣。

万里长风卷集着大潮而来，旋即又将潮水推送回去，来也匆匆去也匆匆，说不清楚究竟是有情还是无情。

其实钱塘江潮的涨落有其自然规律，与长风无关，更与情无关。"人生自是有情痴，此恨不关风与月"，感受到长风因情而使潮水来去，是心中重逢的喜悦和离愁别恨交织在一起，说不清道不明，只能将自己心中涌动的深情寄托于长风潮水之上了。

苏东坡想问这钱塘江上的西兴浦口处，江水曾几度映照夕阳的光辉？他和参寥子视彼此为知己，这些年他们一起见证过无数次潮起潮落，夕阳晚照也不知道多少次投射在他们身上，既见过世间美景，也历遍人生浮沉，分离时刻心中涌起太多的不舍，开口只是徒添伤感，还是让他们再一次静静地欣赏斜阳吧。

有人说傍晚是最容易泛起离愁别绪的时分，大概是因为暖色调的余晖很容易让人联想起以往的欢乐时光，所以平添思念，于是很多诗人都用落日残照来寄托离情。

如温庭筠《望江南》里写道："过尽千帆皆不是，斜晖脉脉水悠悠"；柳永的《八声甘州》也曾经这样写过："渐霜风凄紧，关河冷落，残照当楼"；李清照在《永遇乐》里也写道："落日熔金，暮云合璧，人在何处"。他们虽然和苏东坡处于不同的时空，但是因斜阳引发的离情都是如此真实。

人生不必怀古伤今，也不用去仔细思量究竟有多少变迁，一俯一仰之间，早已物是人非。王羲之在《兰亭集序》里写道："俯仰之间，已为陈迹。"正如我们曾经共度的欢乐时光是暂时的，今天分离的痛苦也会转眼如云烟，所以不必在意不必介怀。

还有谁和我一样蹉跎了岁月，如今垂垂老矣？满头白发之时才明白不必替古人伤心，也不必为现实忧虑，更不必为未来感到畏惧。

李白在《下终南山过斛斯山人宿置酒》中有这样的诗句："我醉君复乐，陶然共忘机"，我喝醉了主人也高兴，高兴得完全忘记世俗的尔虞我诈。苏东坡和参寥子在一起的时候，两人也是恬淡无为，与世无争，现在他为了宽慰朋友，用"白首忘机"来言明心志。他早已泯灭机心无意功名，内心淡泊宁静，他日路上有再多的风雨又何足畏惧？

当分离不可避免地来临，往昔把臂同游的时光就愈显珍贵。"记取西湖西畔，正暮山好处，空翠烟霏"，还记得我们当时在西湖西边游玩的情景，那时满山都是春意，天空碧蓝如洗，淡淡的云彩飘过来飘过去，如轻烟般缥缈。

有你便是晴天，因为心中有友情的温暖，和好友在一起时时感觉如春日般美好，景色也如绝美的画卷。有时候并不是那天天气有多好，也不是那个地方真的有多美，重要的是因为身边有知己相伴，才让我感觉一切都是那么美好。

苏东坡在心里算来算去，古今诗人中像他和参寥子如此兴趣相投的，其实也很少见。

道潜是北宋著名的诗僧，在诗坛享有盛名，苏东坡曾说他"诗句清绝，可与林逋相上下，而通了道义，见之令人萧然"，称他写的《东园》诗中"隔林仿佛闻机杼"这句为"吾师七字师号"。

既然像我们这样的情谊不多见，那么我们自然也不会因为离别而会疏远，就让我们相约将来，有朝一日能仿效谢安退隐山林的高雅情志，一起东归江浙一带吧。

苏东坡早已规划好自己将来要在宜兴一带退隐，他深情邀约参寥子，其实心里也明白不用问他愿不愿意，这么多年他一直陪伴着自己，退隐必会相随。

所以我们都不必因为暂时的别离而悲伤，不要像羊昙西州路上频频回首，任泪水打湿了衣衫。

据《晋书·谢安传》记载，谢安东山再起后，时时不忘归隐，但终究还是病逝于西州门。羊昙是谢安的外甥，也是谢安看重的知己好友，他悲伤于谢安的逝去，有一次喝醉酒后无意中走过西州门，想起了谢安大哭而去。

苏东坡化用这个典故来安慰老友：你放心，我这次离去，一定回来，不会像谢安一样退隐雅志难违。离别只是暂时的，未来我们还有漫长的岁月可以一起度过，所以我们都无须为离别流泪。

钱塘江景色壮丽，江潮暗合人世间的悲欢离合，苏东坡借江潮涌动抒发豪放之情，用天地古今的变迁来烘托友情的深厚长久，既豪情万丈，又情深意长。

苏东坡咏钱塘江大潮并非只写过这一首词，他写过《南歌子·八月十八日观湖潮》。

南歌子·八月十八日观湖潮

海上乘槎侣，仙人萼绿华。飞升元不用丹砂。住在潮头来处、渺天涯。

雷辊夫差国，云翻海若家。坐中安得弄琴牙。写取余声归向、水仙夸。

他还写过《瑞鹧鸪·观潮》。

瑞鹧鸪·观潮

碧山影里小红旗。侬是江南踏浪儿。拍手欲嘲山简醉，齐声争唱浪婆词。

西兴渡口帆初落，渔浦山头日未欹。侬欲送潮歌底曲，尊前还唱使君诗。

这两首词着重渲染潮声和潮势，并不含有别种寓意，独有这首《八声甘州·寄参寥子》将情、景、理和谐地结合在一起，以景写离情，离情中又蕴含人生哲理，读来耐人寻味。

或许每个人生命中都曾出现过一位重要的朋友，浮浮沉沉中成为彼此的情感支柱和精神寄托，如唐朝诗人李白和杜甫，他们虽然年岁不相当，却因为诗文惺惺相惜，曾经一同游山玩水，一起讨论诗文。

当李白被贬失去了他的消息之后，杜甫还写下了《不见》一诗："不见李生久，佯狂真可哀。世人皆欲杀，吾意独怜才。敏捷诗千首，飘零酒一杯。匡山读书处，头白好归来。"
用以表达自己的痛苦和思念。

还有白居易和刘禹锡，刘禹锡为人耿直有一说一，写过一
首很狂妄的桃花诗："紫陌红尘拂面来，无人不道看花回。玄
都观里桃千树，尽是刘郎去后栽。"

他诗里诗外瞧不起天下文人，后来白居易给他寄了一百首
诗，其中"离离原上草，一岁一枯荣"这样的诗句深深地折服
了刘禹锡。他写下一百首诗回赠给白居易，表达与他惺惺相惜
之情，从此经常互相交流切磋，两人之间的友情甚至超越了爱
情和亲情。

人这一生能得一知己便是极大的幸运，李白和杜甫、白居
易和刘禹锡、苏东坡和参寥子都是幸运的人，他们可以亲密无
间，也荣辱不渝，这种友情最大的意义就在于：风雨再大，也
可以轻轻说一句"人生不顺还好有你"！

第 29 章　与余同是识翁人，惟有西湖波底月

　　人生就是一场旅程，孤独而来孤独而往，中间会经历无数次相逢，其中与良师益友相逢该是最大的幸运，就比如白居易和元稹的相遇，两人因诗词而相逢，因为懂得彼此惺惺相惜；又因为山高水长互相思念，所以开创了以长篇排律和次韵酬答来唱和的诗词新形式。

　　次韵，是和诗的一种方式，不仅要使用被和诗作的韵，还必须用被和诗作韵脚上的那几个字，并且韵字的先后次序都要和被和诗作一样，这就是步步跟随之意，所以次韵又被称为"步韵"。

　　次韵始于唐朝，大盛于宋朝，并从诗坛流行到词坛。苏东坡作为"大神"级的人物站在文坛之巅，他的诗词标题中含有"次韵"的也有很多，其中称得上代表作的当数他隔着时空与恩师唱和的《木兰花令·次欧公西湖韵》。

　　苏东坡第二次到杭州做官，任知州之职，比起第一次任通判能更多地为杭州百姓谋福利。这次他刚到杭州就遇到严重的自然灾害，冬春水涝，之后又遇上大旱，他决定把用来修葺官舍的钱拿来买米赈济灾民，又奏请朝廷减轻杭州赋税，因为他救灾得力使饥者得食，灾后社会平稳安定。

大灾过后瘟疫流行，苏东坡自己捐出五十两黄金，再加上公费，合起来办了一个安乐坊，用以收纳贫困病人为其治病，得到医治而病愈的达千余人。

灾荒瘟疫过后，他又着手疏浚西湖，第一次他任通判时心中已有蓝图，此次终于得以实施。他拆毁湖中私围的葑田，全湖深挖，把挖掘出来的淤泥筑成了沟通南北的长堤，又在全湖最深处建立石塔三座，演变成后来的著名景点"三潭印月"。因为这次大规模的疏浚工程获得成功，当地老百姓的日常用水和农田灌溉都得到了改善，造福杭州千秋万代。

苏东坡不仅疏浚西湖，他还带领人民疏浚茅山、盐河各十余里，并在两河间筑起堤闸，控制河水与潮水。自此以后潮不入市，河道不淤，舟楫畅通无阻。

苏东坡怀才不遇多年，第二次到杭州任职终于有了实现平生抱负的机会，就在他准备大展宏图之时，却又收到朝廷调他回京城的调令。

他以为朝廷调他回京是准备更加重用他，却没想到刚到京师就听到了一连串的批评攻击之声，有人弹劾他夸大灾情，"论浙西灾伤不实"，救百姓于水火的举措竟成为政客打击他的理由了。苏东坡掂量了当前形势，再加上他回京后便接受了御史暴风般的批评弹劾，他决定主动离开，上书朝廷请求外放，最后朝廷同意将他外放颍州为知州。

颍州为现今安徽阜阳，对于这个地方苏东坡并不陌生，他的恩师欧阳修曾任颍州知州，特别热爱这个地方。据《庐陵欧阳文忠公年谱》记载：欧阳修上任之初，"乐颍州民物水土，有卜居之意"；又据史书记载：欧阳修"生于绵，长于随，仕于朝，家于颍"，他生于四川绵州，在湖北随州长大，在朝为官多年，但是安家于颍州。

欧阳修完全将颍州当作自己的桑梓之地来治理，在他任职期间为了改善当地的水源，曾主持浩大的颍州西湖疏浚工程。颍州西湖南北长十里，东西宽二里，环绕湖边林木葱郁，和杭州西湖一样为颍州当地名胜，咱们可以设想苏东坡疏浚杭州西湖大概也是受了恩师的启发吧。

如今苏东坡来到颍州，和恩师一样成为当地的父母官。当他泛舟颍州西湖，听到友人唱起欧阳修当年为西湖所作的《木兰花令》时，不禁感叹杨柳春风皆如往昔，只是故人不在，何以寄托自己的思念？唯有以次韵和词。

木兰花令·次欧公西湖韵

霜余已失长淮阔，空听潺潺清颍咽。佳人犹唱醉翁词，四十三年如电抹。

草头秋露流珠滑，三五盈盈还二八。与余同是识翁人，惟有西湖波底月。

此时已经入秋快要降霜了，今年江淮久旱，淮河水位下降，失去了水势浩大的壮阔之气象，此时侧耳细听颍水的水流声，水声潺潺竟如呜咽一般。

"清颍"指的是颍水，源出河南登封，东南流经安徽太和、阜阳等地，汇入淮河。此时淮河水减是实景，而听到颍河呜咽悲切是苏东坡心中所感。

千百年来颍河水声潺潺都是一样的，不会因为水位的涨落有丝毫的改变，听到耳里的悲鸣声不是水声，而是隐藏在心中的叹息。再次受到打击的苏东坡，来到恩师终老的颍川，难免会移情于景，和着颍河的水流声一路哀叹。

时间飞逝，苏东坡此次来颍川，距离恩师欧阳修任颍川知州已经四十三年了，此时仍能听到歌女传唱欧阳修当年所作的西湖词，足见"颍人思公"。

颍川人思念欧阳修，不仅因为他曾在这里留下斐然文采，更是因为他当年任颍川知州"宽简而不扰民"。

欧阳修因为支持范仲淹的政治革新而被贬到滁州、扬州、颍川等地，他每到一处就兴利除弊，务农节用，曾奏请朝廷免黄河徭役万人，用以疏浚颍川境内的河道和西湖，将颍川与淮河连通造福百姓，因此人民一直怀念他。

听着故人歌，看看眼前景，秋天的露水在草尖凝结却又留不住，不停地滑落，八月十五的满月到了十六就没有那么圆满了。

曹操的《短歌行》中写道："对酒当歌，人生几何！譬如朝露，去日苦多。"凝结在草尖的露珠，再明澈圆润也会疏忽而逝，人生的美好年华也是想留却留不住。谢灵运在《怨晓月赋》中用"昨三五兮既满，今二八兮将缺"这样的句子来暗示生命短暂人生无常，世间的悲欢离合正如月亮的阴晴圆缺一样无法把控。

当年欧公泛舟的颍川西湖仍在，只是不见当年泛舟人，苏东坡忍不住问空空的湖水，既然如此，还有什么能够留住？此时还能想起恩师的人，除了我恐怕就只有倒映在西湖之中的月亮了。

欧阳修在颍川时经常夜游西湖，苏东坡想来这"波底明月"自是对欧阳修特别熟悉，正如自己仍然能记得当年欧公的知遇之恩和诗酒相投一样，倒映在湖中的明月一定能记起他当年泛舟湖上的点点滴滴。

明月已明心志，纵然世间万事万物留不住，但是当年的情意仍在心间，不管世事沧桑风云变幻，此心一如既往如波底明月。在苏东坡眼里，明月既然"识翁"，那么此月亮就不是看淡世事更替那么无情了，它记下了当年恩师泛舟西湖的超逸洒脱，如今它也应该能懂得我这番缅怀的深情吧。

次韵因为要步原韵韵脚，所以写来难度很大，为了告慰恩师，苏东坡完全按照欧阳修的词风来和韵，写作地点也完全相同，所以难度更大。但是苏东坡写来自然活泼，浑然天成，宋人傅幹在《注坡词》中曾引《本事曲集》云："二词皆奇峭雅丽，如出一人，此所以中间歌咏，寂寥无闻也。"

但是苏东坡这首《木兰花令》和欧阳修的词也有不同之处，欧阳修写《玉楼春》[①]时正值盛夏，是饯别之作，所以词中着意赞美佳人歌舞："西湖南北烟波阔，风里丝簧声韵咽。舞余裙带绿双垂，酒入香腮红一抹。杯深不觉琉璃滑，贪看六幺花十八。明朝车马各西东，惆怅画桥风与月。"

欧阳修眼中的颍川西湖，烟波浩渺波连波，丝簧声里歌舞升平，红裙罗带和岸边垂柳相映成趣，处处风流繁华，一派明丽的景象。

苏东坡的《木兰花令·次欧公西湖韵》作于深秋，又是怀恋之作，颂德的同时又满含深沉的思念，情调相比欧公原词更为凄婉悲慨，但是悲鸣中又蕴含一定的人生哲理，以示不忘恩师教导之恩。

---

① 　木兰花与玉楼春两调原本不同，自《尊前集》误刻以后，宋词相沿，律多混填。

　　说起欧阳修和苏东坡的关系，不仅是师生关系那么简单，他们之间倒更像伯乐与千里马的关系。苏东坡年少时，欧阳修已是誉满天下的大文豪，是他大力奖掖后生，放手让苏东坡大放光彩，推举他于自己之上，这才成就了苏东坡日后文坛宗主的地位。

　　在苏东坡心目中，这位恩师也是值得自己一生追随的偶像，他把能想到的赞誉之词都毫无保留地献给了恩师欧阳修，说他的老师"论大道似韩愈，论事似陆贽，记事似司马迁，诗赋似李白"，真可谓是推崇备至，这大概就是最让人称道的惺惺相惜吧。

　　唐朝白居易梦中见到元稹，于是写下："晨起临风一惆怅，通川溢水断相闻。不知忆我因何事，昨夜三更梦见君。"他把这样的诗句寄给元稹，元稹收到后唱和一首《酬乐天频梦微之》："山水万重书断绝，念君怜我梦相闻。我今因病魂颠倒，唯梦闲人不梦君。"

　　他们一唱一和之间流露出浓浓的真挚友情，倾心交往三十载，相互唱和九百章，后人将他们合称"元白"，留下了益友交往的佳话。

　　此番苏东坡游访恩师到访过的地方，听到恩师旧词而生出思念之情，因为感情真挚缱绻，所以落笔生辉，让前唱后和的两首词都成为千古绝唱，这也算是对良师最好的报答，与唐朝的白居易和元稹一起，共同诠释了"良师益友"的真正意义。

第 30 章　天涯何处无芳草

提起苏东坡，我们最熟悉他的是"大江东去，浪淘尽"的豪放，或者是"老夫聊发少年狂"的旷达，又或者是"一蓑烟雨任平生"的从容，每每被他诗词中透出的磅礴气势所感，认为他是一个在逆境中高歌的奇才，很难想到他其实也有婉约柔情的一面。细数起来苏东坡的婉约词真的不多，但是他诗词中流露出来的婉约柔情，其实并不输于柳永和秦观。

苏东坡为亡妻王弗写下的《江城子·乙卯正月二十日夜记梦》自不必说，其中的深情缱绻不禁让每一个读到的人都泪洒衣襟，而他为第二任妻子王闰之写下的《蝶恋花》也是缠绵悱恻动人心肠。

蝶恋花

泛泛东风初破五。江柳微黄，万万千千缕。佳气郁葱来绣户。当年江上生奇女。

一盏寿觞谁与举。三个明珠，膝上王文度。放尽穷麟看围围。天公为下曼陀雨。

除了将深情给予这两位妻子，苏东坡还曾多次在诗词作品里婉约地提到佳人，如《浣溪沙》里面写到的"佳人相见一千年"，《西江月》中的"月与佳人共僚"，还有《菩萨蛮》里的"佳人千点泪，洒向长河水"，《减字木兰花》里的"散落佳人白玉肌"，等等。

我们可以从这些对于佳人的描写中看到苏东坡清雅多情的一面，其中最特别的一首写"佳人"的词便是他在惠州写下的《蝶恋花·春景》，而这首词背后的故事和苏东坡的侍妾王朝云有关。

王朝云初识苏东坡时年仅十二岁，为一名歌舞妓。当时苏东坡正在杭州任通判，于酒宴中见到王朝云，因她唱词甚合心意，便将她买下作为侍女。多年后，苏东坡被贬谪到偏僻的黄州，家中婢女侍妾都散尽，唯有朝云不离不弃，于是将她纳为妾室。

后来苏东坡回到京城被朝廷重用，家人也跟着过了几年安定的生活。太皇太后高氏病逝后，变法派抓住一切机会又成为朝廷上的主导力量，苏东坡因为一贯反对新法的政治立场被变法派大肆打压，被贬到偏远的惠州。

苏东坡的第二任妻子王闰之在他贬往惠州之前就已经去世，此时苏东坡已经五十八岁。年事已高的他颇不适应瘴疫横流的惠州气候，再加上薪俸微薄，生活再次陷入困顿之中，初到惠州的他内心愁苦，所幸朝云懂他的诗词更懂他的心，百般劝解苏东坡才稍觉宽慰。

苏东坡在惠州任宁远军节度副使，惠州安置，不得签署公文，实际上就是个虚职并没有实事可做，再加上新党派还在惠州安排了人手监视苏东坡，他日常生活也受到了颇多限制，行动失去了自由，只能终日和朝云在居处闲坐。

在贬居穷乡僻壤的日子里，苏东坡写诗作词，朝云为他谱曲吟唱，彼此之间唱和相随，互为知音。不得不说王朝云在艺术方面的造诣，比苏东坡之前的两位妻子更胜一筹。苏东坡诗词中婉约细微的情感总能引起王朝云心灵的共鸣，这种心意相通表现最为明显的便是苏东坡写下的《蝶恋花·春景》一词。

据说王朝云只要一唱《蝶恋花·春景》就会不自觉地哭泣，并不是因为这首词写得有多么哀伤，而是她读懂了苏东坡在词里的叹息，为他的颠沛流离郁郁不得志而哭泣。

惠州的秋天比别的地方更显萧瑟，苏东坡家中闲坐看着院中落木萧萧，不禁生出悲秋之情，于是他又让朝云把酒唱起"花褪残红青杏小"之韵。

本来是为了驱散心中的愁苦寂寥，谁知朝云唱着唱着便泪满衣襟。苏东坡问她为何哭泣，朝云哽咽着说："奴所不能歌，是'枝上柳绵吹又少，天涯何处无芳草'也。"听她这么说，苏东坡笑说："是吾正悲秋，而汝又伤春矣。"

蝶恋花·春景

花褪残红青杏小，燕子飞时，绿水人家绕。枝上柳绵吹又少，天涯何处无芳草。

墙里秋千墙外道，墙外行人，墙里佳人笑。笑渐不闻声渐悄，多情却被无情恼。

当朝云弹奏琵琶开口吟唱，苏东坡眼中所见树上的杏花渐渐凋落，落在地上任风吹雨打，红色一点点褪去，而此时枝头已经开始结出了小小的青杏。

有繁华就会有衰落，有凋谢就会有新生。龚自珍曾经写过"落红不是无情物，化作春泥更护花"，看那挂在枝头的小小青杏，谁能说不是杏花以另外一种形式重回人间呢?

当你还在伤感春的逝去时，那些春花春景已经悄悄地在循环往复了。苏东坡伤春之情刚起，马上将自己开解出来，任凭世事沧桑变幻，他仍守住心中的那份旷达脱俗。

伤春之情渐渐冲淡，苏东坡便将目光投向更广阔的天地，看见远处燕子掠着水面低飞，一池绿水环绕着人家的院墙。

乡村的春意总是去得迟一些，你看环绕着院墙的那湾春水依然碧绿，而春燕仍掠着水面飞来飞去，依然还是一幅春意未尽的乡村图画，只不过这幅画更加动感，也更具有生活气息。

　　苏东坡劝慰王朝云，也在劝慰自己，春天不会真的离开，春意早已走进了千家万户，所以不必为一时春花的凋零而伤感。他屡遭打击，似乎对他来说，人生的春天渐行渐远，但是苏东坡心里仍然觉得，在生活的缝隙里总是充满希望，他不会因为一时的挫折就怀疑人生。

　　枝头上的柳絮随风飘远，越来越少，或许有一天柳絮终归不见，但是走遍天涯哪里又不能见到芳草青青呢？春色中柳絮翻飞，当它渐渐地失去踪影之时，也就是春尽之时，但是柳絮不管飘往何方，总是能见到芳草青绿生机一片，如果真是这样，你还会哀叹柳絮随风而去吗？

　　柳絮又名杨花，苏东坡曾形容柳絮"似花还似非花"，在很多诗词中柳絮翻飞象征着春天的离去，如白居易写下的"早梅迎夏结，残絮送春飞"，刘禹锡也曾写过"绿野芳城路，残春柳絮飞"。又因为柳絮随风而舞由不得自身，所以柳絮的飘荡常用来象征人生的漂泊，如晚唐薛能在《咏柳花》一诗中这样描写柳絮："浮生失意频，起絮又飘沦。"还有薛涛也在自己的《柳絮》诗中借柳絮抒发身世飘摇之感："二月杨花轻复微，春风摇荡惹人衣。他家本是无情物，一任南飞又北飞。"

　　苏东坡一生颠沛漂泊，最后竟被远远地贬谪到离家万里的岭南。此时他已人近晚年，遥望故乡犹处天涯，他从南到北飘荡，各种身不由己和随风飘飞的柳絮遭遇何其相似。他虽然以"柳絮"自喻，却也懂得为自己开解，柳絮随风不全是漂泊，它还可以看尽四海的芳草青青。而他自己不管到哪里都能保持高昂的斗志，这不正是像青草一样永远向上生长吗？

在墙外小道上行走，透过绿水人家高高的院墙可以看见有人在荡千秋，虽然不见其人，但可以听见墙内飘来佳人清脆柔媚的笑声。

墙外行人无法见到绿水人家的生活，但是从墙内飘出来的笑声中可以去猜想那样的愉悦和欢乐，更平添旅途的惆怅。

苏东坡自诩为"墙外行人"，从南到北的旅途中，常常被别人家的欢乐惹起绵绵情丝。于他而言，最大的愿望不过是能像"墙内人"一样被家人的笑声所环绕。

不知道是行人悄然站立直到佳人远去，还是佳人笑声依旧行人走远，当四周安静下来，行人的心却怎么也安静不下来。行人被佳人的笑声惹动了心里的情丝，实际上佳人毫无所知，这种感觉特别奇妙，就像单相思的苦恼。

苏东坡自认为是多情的人，年轻时珍惜爱情、友情、亲情，中年时怀有报国忧民之情，到了晚年又有惜春之情和思乡之情。他一生都被各种情绪缠绕，无情的是跌宕起伏的命运，从不会因为他对世界多情而特别善待他，此时想来还是他对无情的命运寄望过高，所以才有了种种失望太多烦恼。

　　说这首词很特别，是因为这首词里的"佳人"从未露面，就是连行人惹起的情丝也不得而知，只有露出墙头的秋千和笑声让读者去想象。正是这种想象，为这首词平添了无穷趣味。

　　除此之外的特别之处是朝云的哭泣，这首词虽句句伤感却又句句开解，更有"天涯何处无芳草"之句能让人豁然开朗。只有朝云懂得苏东坡的无奈，她心疼苏东坡随处漂泊才会哭泣，爱之深如她，才算真正懂得此词的内涵。

　　更为特别之处是此词似乎成了朝云之殇的预言，唱罢此词不久朝云便卧病在床，郁郁而终，从此苏东坡再不听《蝶恋花·春景》这首词曲了。

　　朝云和苏东坡就如同墙内佳人墙外行人一般渐行渐远，"笑渐不闻声渐悄"。离去的朝云似乎很无情，留下来的苏东坡会永远在悲伤中思念着她，以后每逢春天都会想起朝云为自己弹唱的这首《蝶恋花·春景》。

　　朝云去世之后，苏东坡为她写下《西江月·梅花》一词。

西江月·梅花

　　玉骨那愁瘴雾，冰姿自有仙风。海仙时遣探芳丛，倒挂绿毛幺凤。

　　素面翻嫌粉涴，洗妆不褪唇红。高情已逐晓云空，不与梨花同梦。

　　朝云在苏东坡心里就如梅花一样天生丽质又品质高洁，就算她消失不见，自己对她的一往情深和深深思恋会永存心间。就此可以说，苏东坡的婉约柔情一点也不输于柳永和秦观，我们只有透过他的旷达豪放见识到其深情婉约的一面，才算真正读懂了苏东坡。

第 31 章　人生几度秋凉

人生就是一趟有去无回的旅程，不管画出怎样的轨迹，终究会到达终点。

面对那条终点线，有人慷慨悲怆，如西楚霸王项羽呼出："力拔山兮气盖世，时不利兮骓不逝。骓不逝兮可奈何！虞兮虞兮奈若何！"

有人苦闷悲泣，如南唐后主李煜唱出："雕栏玉砌应犹在，只是朱颜改。问君能有几多愁？恰似一江春水向东流。"

有人空留遗憾，如宋朝诗人陆游留下遗言："死去元知万事空，但悲不见九州同。王师北定中原日，家祭无忘告乃翁。"

最冷静旷达的还属宋朝苏东坡，在人生的最后岁月里，他用一首词和一首诗作为自己人生的写照，为自己不朽的人生画上完美的句号。

苏东坡南渡岭南之时已经五十八岁，到惠州时他已经做好终老岭南的准备了。可是到惠州后他忽然发现贬谪生活似乎也没有那么难过。

当地的百姓官员和士绅都对苏东坡热烈欢迎，并为他提供各种帮助。他也在自己有限的能力内为当地百姓做了不少好事，比如说想方设法提升当地医药水平，传播插秧技术，改善税项，严肃军纪，筑堤防洪，等等。这些造福百姓的举措极大地改善了当地的生活，百姓将他的好看在眼里记在心里世代相传。

除此之外，苏东坡对惠州最大的贡献是将惠州的美食特产传播到整个宋朝，他在《惠州一绝》这首诗里写道："罗浮山下四时春，卢橘杨梅次第新。日啖荔枝三百颗，不辞长作岭南人道。"这种不遗余力对惠州荔枝的描写无形中为惠州的特产代言，提高了惠州的知名度，为惠州发展旅游事业奠定了基础。

对于惠州而言，苏东坡这首《惠州一绝》无疑是及时雨，可以让惠州特产名震天下；对于喜爱苏东坡诗词的读者来说，这首《惠州一绝》也是喜闻乐见的作品，可以通过这位大才子的描写更多地了解惠州的生活。

对于苏东坡本人而言，这首诗就没有那么好了，即使远离朝廷，但是政敌一直对他虎视眈眈，看到这首《惠州一绝》便觉得苏东坡在惠州的生活太逍遥了。一个被流放的人凭什么能够自得其乐？于是又找了个由头将他贬往更远的儋州，也就是今天的海南，据说在宋朝，流放海南是仅比满门抄斩罪轻一等的刑罚。

被贬到海南的苏东坡还被要求：不得食官粮，不得住官舍，不得签公事。这就等于说苏东坡在儋州已经沦为"罢免流放"的境地了，不仅身无分文，精神上也受到了很大打击。

又到一年中秋，此时苏东坡身边无亲人，无好友，无知己，真可以算得上孤苦无依。面对明月他斟满一杯酒，试图回忆起当年超然台上写下"明月几时有，把酒问青天"时的旷达，谁知却只能从清月朗辉中感受到悲凉萧瑟，当戚戚然的感觉在心内达到极致时，一首悲凉的《西江月》便脱口而出。

西江月

世事一场大梦，人生几度秋凉。夜来风叶已鸣廊，看取眉头鬓上。

酒贱常愁客少，月明多被云妨。中秋谁与共孤光，把盏凄然北望。

苏东坡在世事多年沉浮中早已明白，人生不过是一场很长很大的梦境，在这场梦境中他已看尽了世态炎凉。

苏东坡在徐州任知州期间也曾写过"古今如梦，何曾梦觉"这样的诗句，当时的他年轻有为意气风发，即便失意也都是暂时的，看透"人生如梦"也不过是受庄子思想的影响，刚刚展开对于人生的反思。

而此时的他已风烛残年，被流放于远离朝堂的蛮荒之地，不会再有将心中抱负变为现实的可能，回望一生的努力似乎都变得没有意义，留在记忆中的仅有这些年来历遍的人情冷暖。

夜里又起风了，大风摇动着树叶发生沙沙的声响，在房外的门廊上回荡。这样萧索的夜不容易入眠，对着镜子细看自己稀疏的眉毛和花白的鬓角，才感觉时光对自己也如秋风扫落叶般没有一丝怜惜。

唐代诗人王勃曾写道："秋夜长，殊未央。"秋夜那么漫长，无法入眠的人常常会顾影自怜，更何况窗外秋风大作，秋夜的萧瑟便侵入人心，不由得哀叹生命苦短韶华易逝，隔着千年我们都能听到苏东坡在那轮冷月之下深沉的叹息。

因为家中无好酒，所以常常担心登门拜访的客人少了，这样的心情正如窗外的明月，虽然明亮，但是常常会有乌云来遮其光芒。

其实苏东坡心里非常清楚，来往的朋友少了并非因为家里酒不好，而是因为他遭贬斥之后，很多势利小人避之如水火。虽然自己心怀坦荡，但仍不免被奸人谗言所累，旁人很难拨开云雾窥见自己的赤子之心了。

相比之前被贬黄州，此次南贬苏东坡更多地见识到世态炎凉，他只有将自己的满腔愤慨融进诗词里去，也是希望有人能够读懂这种无声的抗争。

又值中秋佳节，还有谁能和我一起欣赏寒月的冷光？孑然一身的我只能举着酒杯向亲友所在的北方遥遥相望，望断天涯也难以归故乡，只能凄然泪下。

想当年密州中秋，苏东坡思恋亲人，曾写下"但愿人长久，千里共婵娟"，同样是因思恋亲人而起的诗情，他现在已没有了当年的豁达从容。屡遭打击的他既然已经看透"世事一场大梦"，那么会更加清楚再多的思恋也是无济于事，与故乡相隔千万里，他注定只能孤单寂寞地度过这贬谪岁月。

写下这首《西江月》的苏东坡不再是那个执"铜琵琶、铁绰板，唱大江东去"的"关西大汉"，他只是一个独坐孤灯落寞的老者。虽然他一生都在思考人生的意义和真相，也一直用旷达的胸襟对抗着命运的压迫，但是风烛残年也只能哀叹一声世事如梦，纵然他为醒者又能怎样，依然逃不开独自一人身在异乡的命运。

"凄然北望"的他心中也希望亲朋好友能偶尔想起他，这是他最后的寄托了。词到这里戛然而止，但是词意中透出来的悲凉和痛苦仍绵延不绝，这首《西江月》也便成为苏东坡表达身世之感的诗词中最为沉痛的一首。

虽说苏东坡在儋州的生活困顿无比，但也不表示他会一直困坐愁城，虽然此时苏东坡没有分毫实权，但是他仍然殚精竭虑地为当地老百姓贡献自己的绵薄之力。

他言传身教，将中华优秀传统文化传播到海南各地，并在这里办起了书院学堂，以致很多人不远千里，追至儋州从苏东坡而学。宋朝一百多年里，海南从没有人进士及第，苏东坡办起书院不久，海南就出现了第一个举人姜唐佐。

海南人将苏东坡看作儋州文化的开拓者，对他崇敬无比，儋州当地流传至今的东坡村、东坡井、东坡田、东坡路、东坡桥、东坡帽等都表达了人们对苏东坡的缅怀之情，甚至连当地语言都有一种"东坡话"。虽然他在儋州备感凄凉，但是他也如那轮冷月，用自己微弱的光芒照耀儋州的山河。

苏东坡以为自己会在儋州终老，可是朝堂风云变幻，年仅二十四岁的宋哲宗去世，变法党彻底失势。宋徽宗继位之后特别赦免遭流放的旧臣，苏东坡也在特赦名单之内。

苏东坡终于可以离开岭南北归中原了，然而此时的他年事已高满头花白，他只想与家人团聚，不再有报效朝廷之心，返回途中便向皇帝上表请求允许完全退隐山林。宋徽宗依据宋朝官员的退休制度，任命苏东坡为四川省一个寺院的管理人，管理庙产。

回归故乡是苏东坡的平生夙愿，走遍大半个中国终于可以实现，苏东坡内心自是无比激动，只是他在途中不幸身染恶疾身体每况愈下，回京都述职前只能先去常州停留休养。

在去常州的路上途经真州（今江苏仪征），苏东坡拖着病体还去游览了金山龙游寺，在寺里见到李公麟为自己所作的画像，已年逾花甲的他不由得感叹自己风雨飘摇的一生，写下了《自题金山画像》一诗。

自题金山画像

心似已灰之木，身如不系之舟。

问汝平生功业，黄州惠州儋州。

在画像面前，他突然彻悟自己一生的功业，不在京都任礼部尚书或者祠部员外郎时，更不在杭州、徐州、密州任知州之时，反而是在被贬谪的黄州、惠州、儋州才得以成就。这是苏东坡对自己的自画像，也是对自己一生从政政绩的高度概括。

苏东坡之所以这么说，是因为他在这三个地方远离了朝堂，真正身在江湖之中，在艰苦的生活中，他不仅做到了范仲淹所说的"居庙堂之高则忧其民，处江湖之远则忧其君"，而且还做到了处江湖之远更忧其民。

而对于他诗词上的成就来说，从"乌台诗案"之后，苏东坡因在环境恶劣的贬谪之地一次次地完成蜕变，所以才拥有了看透古今世事的旷达，才能写出"大江东去，浪淘尽，千古风流人物……"那样的千古绝唱。

回望来时路，此时才恍然大悟，不被生活打倒就能被生活成全，终究还是那些磨难成全了他的一颗诗心。

写完这首《自题金山画像》两个月之后，苏东坡病逝于常州，享年六十五岁，这一年是建中靖国元年（1101）。一代文豪终于还是没能回归心心念念的故乡。

《西江月》和《自题金山画像》这一诗一词合起来看便是他的绝命画像，他对世事的感悟，一生的挣扎，还有对自己的总结和未了心愿都融入了这两首诗词作品中。

苏东坡逝去，他的名字成为漫漫岁月中的记忆，但是他的思想仍然在一代又一代人的心头闪光。文字中的力量是他留给这个世界的最好遗产，那种浩然正气必将万古不朽，正如他曾经在《潮州韩文公庙碑》中所说："其必有不依形而立，不恃力而行，不待生而存，不随死而亡者矣。故在天为星辰，在地为河岳，幽则为鬼神，而明则复为人。此理之常，无足怪者。"